U0517027

外包对发展中国家的影响机制：
全球价值链视角

张 少 军 著

WAIBAO DUI FAZHANZHONG GUOJIA DE
YINGXIANG JIZHI
QUANQIU JIAZHILIAN SHIJIAO

中国财经出版传媒集团
经济科学出版社
Economic Science Press

图书在版编目（CIP）数据

外包对发展中国家的影响机制：全球价值链视角/
张少军著．—北京：经济科学出版社，2019.8
ISBN 978 - 7 - 5218 - 0776 - 9

Ⅰ. ①外…　Ⅱ. ①张…　Ⅲ. ①发展中国家 - 对外
承包 - 研究　Ⅳ. ①F746.18

中国版本图书馆 CIP 数据核字（2019）第 182101 号

责任编辑：刘　莎
责任校对：刘　昕
责任印制：邱　天

外包对发展中国家的影响机制：全球价值链视角

张少军　著

经济科学出版社出版、发行　新华书店经销

社址：北京市海淀区阜成路甲 28 号　邮编：100142

总编部电话：010 - 88191217　发行部电话：010 - 88191522

网址：www. esp. com. cn

电子邮件：esp@ esp. com. cn

天猫网店：经济科学出版社旗舰店

网址：http：//jjkxcbs. tmall. com

北京时捷印刷有限公司印装

710 × 1000　16 开　13.25 印张　220000 字

2019 年 8 月第 1 版　2019 年 8 月第 1 次印刷

ISBN 978 - 7 - 5218 - 0776 - 9　定价：46.00 元

（图书出现印装问题，本社负责调换。电话：010 - 88191510）

（版权所有　侵权必究　打击盗版　举报热线：010 - 88191661

QQ：2242791300　营销中心电话：010 - 88191537

电子邮箱：dbts@ esp. com. cn）

序

外包作为组织和治理当前国际生产与贸易体系的一种力量，已经深刻地影响了全球化进程与各国经济。中国利用自身在劳动力、基础设施和产业集群等方面的优势承接国际外包订单，迅速成长为全球最具竞争力的外包制造平台。在这样的背景下，深入研究外包的经济效应与传导机制，可以对外包理论的发展有所贡献，对发展中国家的赶超战略有所警醒，对步入新时代的中国经济有所借鉴。

为此，张少军教授从发展中国家的立场出发，结合全球价值链理论，在本书中全面系统地分析了外包对经济波动、区域协调发展、国民收入分配和产业升级等方面的经济效应与传导机制。具体来说，本书的主要内容可以概括为以下四个方面：第一，研究主题的转换。突破主流经济学的研究主题，基于全球价值链的视角，以发展中国家的战略赶超为基点，提出一系列重大命题：外包是否造成了发展中国家的经济波动？外包是否形成了新的"中心—外围"格局？外包是否导致了发展中国家的"贫困化增长"？外包如何影响发展中国家内资企业的产业升级？第二，典型事实的考察。考察了外包对当前国际贸易的结构、增速和利得等方面的影响；并分析了外包对中国外贸的影响，抽象出典型事实。此外，还对经济全球化进程中外包、贸易和投资"三位一体"的典型事实进行了总结；进而引入外包构建了经济全球化指数，以更好地反映中国加入经济全球化的结构特征和具体进程。第三，传导机制的挖掘。从出口与进口渠道，分析了外包对经济波动的影响，并从企业规模、产权、行业特征和二元边际等方面挖掘了具体的传导机制；梳理了外包造成的两个"中心—外围"格局的链条，论证了外包是造成区域发展失衡的传导机制；从价格驱动、低端锁定和劳动力市场一体化等渠道，厘定了外包是发展中国家"贫困化增长"的传导机制；对于发展中国家的内资企业，论证了外包已经成为生产者驱动型和购买者驱动型价值链协同封锁，进口和出口互相引致，技术和市场双重追赶的一种"俘获性"网络。第四，应用启示的凝练。从思想上，帮助政界、商界与学界清醒认识到外包对发展中国家的"压榨性""俘获性""锁定性"，形成及时调整赶超战略的共识；从实践上，明确提出实施外资代工到内资品牌的转变、构建国内外包体系和"以空间换时间"等策略。

通过张少军教授视角新颖与逻辑清晰的阐述，本书产生了如下的理论价值与现实意义：第一，突破主流经济学关于外包文献研究的主要聚焦点——外包对国际贸易、企业边界和收入分配等方面的影响，从发展中国家视角出发，结合全球价值链理论，构建一个关于外包经济效应的分析框架与研究范式，分析外包对发展中国家分工地位与战略赶超等方面的影响，从而丰富主流经济学关于外包的论述。第二，对于发展中国家来说，关于外包的研究必须突破生产率和技术外溢的主题局限，全面系统地分析外包对经济波动、地区差距、国民收入分配和产业升级等方面的影响，深入挖掘外包的结构效应与传导机制。只有这样，才能清晰梳理外包对发展中国家国民经济的影响，才能综合评价发展中国家从外包中获得的分工利得，才能科学判断发展中国家在国际分工体系中的赶超前景。第三，在经济发展方式亟须调整和要素成本不断上升的约束下，帮助中国摆脱承接低附加值外包订单的分工职能，升级到高附加值的分工职能，在外包活动中谋得更大利益，从根本上提升中国在全球经济中的竞争优势。第四，由外包来主导的国际分工体系，是国际技术前沿最新的演变和表现。这就要求发展中国家必须重新调整赶超战略，通过构建国内外包体系将竞争方式从企业对集群、环节对体系的竞争提升为集群对集群、体系对体系的竞争。

最难能可贵的是，本书不仅勇于突破主流经济学的研究范式，通过扎根中国现实和发现中国问题，来尝试"中国理论"的构建；而且能从中国的国家利益和战略需求出发，立场鲜明地为中国获得更大的全球红利提供学理支持，当属形成"中国话语"的有益探索。

李善同

2019 年 3 月于国务院发展研究中心

前　　言

20世纪后半期，外包作为一种组织和治理力量，将同一产品不同环节作为外包订单跨国分散，由此形成紧密协作的国际分工体系。外包由此不仅改变了全球化的微观基础，更对竞争模式和赶超战略（无论是企业还是国家层面）产生了革命性的影响。对于发展中国家来说，通过承接外包订单，加入国际分工体系，可以迅速对接国际技术前沿；但是，外包活动的利得分配从来就不是静态的和单维的。国际分工体系的组织和治理力量——外包对经典理论提出了许多挑战，对发展中国家赶超战略的拷问更是发人深省的。为此，本书从全球价值链视角出发，研究外包对经济波动、区域协调发展、国民收入分配和产业升级等方面的经济效应与传导机制，不仅能丰富国际经济学的理论内涵与维度；而且能帮助发展中国家适时调整自身的赶超战略。

第一，外包与经济波动。本书利用中国省级面板数据，在采用带有 Driscoll - Kraay 标准误的固定效应估计方法等稳健性回归之后，发现外包对经济波动的效应显著为正，并且可以通过出口和进口两种渠道造成经济波动。进一步，本书发现小企业、外资企业和低技术行业的比重越高，外包造成的经济波动就越大。此外，本书还发现外包冲击造成经济波动的机制表现为，主要是通过增加既有企业生产和就业的波动性——密度边际波动实现的；而不是通过增加企业数的波动性——扩展边际波动实现的。

第二，外包与地区差距。本书测度了中国八大区域的国际外包水平和国内外包水平，发现东部和中西部地区皆在国际外包体系中处于低附加值的分工环节；东部地区对中西部的产业关联效应更多地体现为将其压制在低级要素供应商的地位；国际外包体系与国内外包体系之间、国内区域间外包体系与国内区域内外包体系之间皆存在割裂。随后通过构建联立方程模型的实证发现，从整体上看，国际外包体系与国内外包体系之间，区域间外包体系与区域内外包体系之间均存在显著的负相关关系。这种割裂关系可能就是造成中国地区差距扩大的微观机理。

第三，外包与劳动收入份额。本书认为外包可以通过价格驱动、低端锁定和世界劳动力市场一体化三种渠道，降低发展中国家劳动力的报酬及其在国民收入中的份额。本书随后利用中国的行业面板数据，采用带有 Driscoll – Kraay 标准误的固定效应估计方法等稳健性检验后，发现外包对劳动收入份额的效应显著为负。国际外包体系表面上增加了对发展中国家的劳动力需求，实质上是发达国家的资本压榨发展中国家的劳动的机制。

第四，外包与内资企业产业升级。在利用中国制造业的面板数据，采用工具变量法克服了模型的内生性问题和区分了进出口的不同渠道后，本书揭示了在中国贸易急剧增长的表象下，隐藏着外包这样一种组织和治理的力量，可以对内资企业产业升级产生抑制效应。国际外包体系，对发展中国家来说，本质上属于一种被生产者驱动型和购买者驱动型价值链协同封锁，陷入进口和出口互相引致，技术和市场双重追赶的"俘获型"网络。

增强中国在全球化时代的竞争力，不仅关系到中国在国际外包体系中分工地位的提升，而且关系到中国经济增长方式的调整。本书所做的研究，正是从全球价值链的视角出发，力图通过深入分析外包对中国经济的经济效应与传导机制，最终能对国际经济理论的完善有所裨益，能对发展中国家的产业升级有所裨益，能对中国经济实现高质量发展有所裨益。

张少军

2019 年 3 月

目　　录

第一章　导论 ……………………………………………………… 1

　　第一节　问题的提出 …………………………………………… 1

　　第二节　选题的意义和价值 …………………………………… 2

　　第三节　文献回顾 ……………………………………………… 4

　　第四节　研究思路与方法 ……………………………………… 8

　　第五节　可能的创新之处 …………………………………… 10

第二章　外包组织治理下的国际贸易：特征性事实 ………… 11

　　第一节　外包对国际贸易的影响：六个特征性事实 ……… 11

　　第二节　外包对中国对外贸易的影响 ……………………… 16

　　第三节　小结 ………………………………………………… 19

第三章　引入外包的经济全球化：界定与测度 ……………… 22

　　第一节　全球化"三位一体"的进程 ……………………… 22

　　第二节　经济全球化指数的构建：引入外包 ……………… 25

　　第三节　中国经济全球化指数的测度与分析 ……………… 30

　　第四节　小结 ……………………………………………… 32

第四章　外包与经济波动 ……………………………………… 33

　　第一节　全球化时代经济波动的新来源 ………………… 33

　　第二节　分析框架和理论假说 …………………………… 36

　　第三节　模型设定与变量说明 …………………………… 39

　　第四节　模型检验和实证分析 …………………………… 42

　　第五节　经济波动的传导机制：企业规模、产权与行业特征 … 47

　　第六节　经济波动的边际分析 …………………………… 52

　　第七节　就业波动的方差分解 …………………………… 55

　　第八节　小结 ……………………………………………… 59

第五章　外包与地区差距 ……………………………………… 62

　　第一节　中国的两个"中心—外围"格局 ……………… 62

　　第二节　中国对内开放与对外开放的现状与特征 ……… 64

　　第三节　国际外包与国内外包的测度方法 ……………… 72

　　第四节　中国各区域的国际外包与国内外包水平 ……… 74

　　第五节　计量模型和理论含义 …………………………… 81

　　第六节　实证研究的发现 ………………………………… 87

　　第七节　小结 ……………………………………………… 96

第六章　外包与劳动收入份额 ………………………………… 98

　　第一节　中国劳动收入份额和外包指数的趋势 ………… 98

　　第二节　两条研究路径 …………………………………… 100

　　第三节　分析框架和理论假说 …………………………… 103

　　第四节　模型设定与变量说明 …………………………… 105

　　第五节　模型检验和实证分析 …………………………… 109

第六节　外包影响劳动收入份额的具体渠道 …………… 114

第七节　小结 ……………………………………………… 119

第七章　外包与内资企业产业升级 ………………………… 123

第一节　中国内资企业的低端锁定 ……………………… 123

第二节　传统与新兴两个研究视角 ……………………… 125

第三节　分析框架和理论假说 …………………………… 127

第四节　模型设定与变量说明 …………………………… 131

第五节　模型检验和实证分析 …………………………… 135

第六节　小结 ……………………………………………… 140

第八章　总结与启示 ………………………………………… 142

附录1　行业划分标准 ……………………………………… 146

附录2　稳健性检验 ………………………………………… 147

附录3　国际外包指数与国内外包指数的推导过程 …… 157

附录4　中国八大区域的国际外包指数与国内外包指数 … 161

附录5　行业对照表 ………………………………………… 169

附录6　生产者和购买者驱动型行业的分组 …………… 178

参考文献 …………………………………………………… 179

后记 ………………………………………………………… 196

第一章
_____

导　　论

第一节　问题的提出

改革开放以来，中国的对外贸易发展迅速，1978 年货物进出口总额仅有 206.4 亿美元，2009 年货物进出口总额则上升为 22 072.7 亿美元，增加了 107 倍。从世界范围来看，1978 年中国货物进出口总额排在世界第 29 位，2009 年中国货物进出口总额上升至世界第二位，出口总额则超过德国跃居世界第一位。[①] 对外贸易已经成为推动中国经济增长的重要力量。

中国对外贸易的迅速发展，从内部因素来看，主要是依赖于良好的基础设施、廉价的劳动力和高效的产业集群等；从外部因素看，主要是抓住了外包[②]组织和治理下国际贸易迅速发展的机遇，即中国通过承接国际外

_____

[①]　数据来自世界银行数据库 https：//data. worldbank. org. cn/。

[②]　对于全球化和国际分工中出现的生产垂直分割现象，学界使用了不同的术语来研究：全球价值链、外包、全球生产网络、代工、生产非一体化、垂直专业化、多阶段生产、产品内分工、全球供应链、国际生产分割、价值链切片、生产的非地方化、竞合关系和全球生产分享等。在本体论层面上，这些术语都是根植于一个节点、链条或网络方法的变异；在认识论层面上，这些术语关注的是在全球一地区关系下理解当代经济的发展动态。

包体系中低附加值的加工组装订单，融入国际生产和贸易体系，成为全球最有竞争力的外包制造平台（Gereffi and Sturgeon，2004）。

但是，中国的对外贸易也面临着外贸依存度高和出口附加值低等方面的挑战。那么，外包组织和治理下的贸易与既有的国际贸易有何不同，这种贸易对中国的对外贸易有何影响呢？外包与国际贸易、FDI 是如何相互作用，推动中国的全球化进程的，这一进程是否可以有效的测度？中国在国际外包体系中从事单一的加工组装环节，所形成的"两头在外"的生产贸易模式，是否会增加本国的经济波动呢？中国东部沿海地区率先加入国际外包体系，对中国的地区差距有何影响，这种影响反过来又是如何作用于中国的产业升级的呢？中国在国际外包体系中从事的低附加值外包订单属于劳动密集型的生产环节，中国专业化于这些劳动密集型的环节，能否提高中国劳动力的报酬，进而提高劳动在国民收入分配中的份额呢？中国的初衷是通过承接国际外包体系中的低附加值环节，逐步攀升到高附加值的研发营销等环节，外包组织和治理下的贸易对中国内资企业的产业升级有何影响，能否帮助中国实现战略赶超？

当前，中国经济增长方式的调整已经刻不容缓，面临着诸多"不平衡、不协调和不可持续"的深层次问题。结合全球价值链（Global Value Chain，GVC）理论，从发展中国家的立场研究和回答上述问题，对中国经济发展方式的转变，对发展中国家赶超战略的调整，对全球经济的再平衡，具有重大的理论价值和现实意义。

第二节　选题的意义和价值

20 世纪后半期，外包作为一种组织和治理力量，将同一产品不同环节作为外包订单跨国分散，进而形成了紧密协作的国际分工体系。外包不仅成为当前国际生产和贸易的组织治理力量；而且成为中国对外贸易发展的重要"引擎"。具体来说：

第一，作为国际生产和贸易的组织和治理力量，外包使国际贸易在结构、增速和利得分配等方面，均发生了重大变化。其一，外包将同一产品不同环节跨国分散生产，这样就使其在成为最终品之前，派生出不同国家之间的进出口贸易，最终使中间品贸易在国际贸易中的比重越来越大。在1970～1990年期间，垂直专业化对出口增长的贡献率达到了30%，中间品贸易占国际贸易的比重越来越大（Hummels et al.，2001）。其二，在过去的20年中，外包组织和治理下贸易的增长速度，远远快于公平市场交易的贸易和公司内贸易的增长速度（Schmitz，2004）。其三，在外包组织和治理下的国际生产和贸易体系中，发达国家通过从事高附加值的环节获得大部分的贸易利得；发展中国家被锁定于低附加值的环节获得很少的贸易利得，陷入贫困化增长的困境。刘志彪（2007）指出在加入国际外包体系的过程中，中国的外向型经济可能出现贫困化增长的趋势。

第二，外包组织和治理下的贸易，已经使得中国对外贸易的结构、主体和分布等发生了根本的变化。其一，在外包的组织和治理下，中国的加工贸易取代了一般贸易成为对外贸易的主要部分，加工贸易总额占货物贸易总额的比重由1981年的6.0%，上升到2008年的41.1%，在部分年份更是超过了50%。其二，外商投资企业已经成为中国对外贸易的主要力量。1986年外商投资企业货物进出口总额为29.85亿美元，2009年则上升为12 174.78亿美元，相应的外商投资企业货物进出口总额占全国的比重也由4.0%增加到55.2%。其三，加工贸易主要集中在东部地区。由于地理位置、工业基础和国家政策等因素，使外包组织和治理下的贸易在中国主要分布在东部地区，仅广东和江苏两省加工贸易占全国加工贸易比重在1990～2008年期间就始终维持在60%以上。[①]

通过上面的分析可知，外包不仅使国际贸易在结构、增速和利得分配等方面发生了重大变化；而且也深刻地改变了中国对外贸易的结果、主体和分布。因而，立足全球价值链理论，研究当前国际分工体系背后的组织

---

① 数据来自《中国统计年鉴》、《广东统计年鉴》、《江苏统计年鉴》和国研网数据库。

治理力量——外包，对经济波动、区域协调发展、国民收入分配和产业升级等方面的影响，不仅可以丰富国际贸易理论和全球价值链理论的内涵，而且可以为中国对外贸易应对未来的挑战提供对策，为中国经济增长方式的转变提供新的思路。

第三节　文献回顾

一、国外研究的现状和趋势

第一，外包对国际贸易的影响。随着外包在世界范围内的流行，中间品贸易迅速发展，导致国际贸易的增速和结构发生重大变化。芬斯特拉（Feenstra，1998）指出在经济全球化的时代，企业生产非一体化和分割的趋势在加强，企业越来越多地通过外包来组织生产，由此引致的中间品贸易的增加是国际贸易大幅增加的重要原因。胡梅尔斯等（Hummels et al.，2001）利用14个国家的数据研究了垂直专业化的成长及其对国际贸易增长的影响，分析表明垂直专业化可以解释这些国家出口增长的30%。耶茨（Yeats，2001）的研究显示，由于外包的作用，全球中间品贸易至少占到了世界贸易总量的30%。陈等（Chen et al.，2005）认为垂直专业化对美国国际贸易过去35年的三个特征性事实（中间品贸易、与服务出口相关的制造品出口以及与出口相关的国际连锁销售）有很强的解释力。可见随着企业在全球范围内通过外包组织生产和贸易的活动不断推进，由此导致了国际贸易的增速和结构发生了重大变化，即中间品贸易占国际贸易的比重不断上升。

第二，外包对企业边界的影响。一些企业在全球范围内外包的同时，又有很多企业通过一体化和内部化生产来节约交易成本。那么是哪些因素影响了企业的外包决策这些决策又对企业具有什么样的效应，对这些问题的研究促成了外包理论的另一个重要研究方向：即外包对企业边界的影响。安特拉斯与赫尔普曼（Antras and Helpman，2004）构建了一个南北贸易模型，假定北方国家生产差异化产品，部门最终产品生产企业的生产率水平是不同的，基于不同的生产率企业会选择是否通过一体化或外包来获取中间投入品。该模型发现，高生产率企业从南方获取中间品，而低生产率企业从北方获取中间品；在方式上高生产率企业会选择一体化，而低生产率企业选择外包；在外包的情况下低生产率企业会选择国内外包，而高生产率企业会选择国际外包。格罗斯曼与赫尔普曼（Grossman and Helpman，2005）建立了一个一般均衡的外包和贸易模型，该模型假定外包是一个不完全合约下寻找合作伙伴的具体投资活动，分析国内、外市场中间品的供给、每个市场的相对搜寻成本、一国合约制定和保护的环境等对于外包选择的影响。模型得到的结论是：南方国家的发展以及产业内贸易的推进能够促进外包的发展，而投资技术的改进却对于外包不会产生什么影响，除非南方国家的技术改进速度比北方国家更快；同时，南方国家法律环境的改善对于外包的促进结果不明确，但会增加来自北方的外包。格罗斯曼等（2006）将企业生产率差异的异质性引入模型，分析国外垂直 FDI 的固定成本、运输成本以及国外市场的需求等因素对于跨国企业一体化策略选择的影响。研究发现，当中间品和最终品的贸易成本很低时，进入海外市场投资的固定成本决定了企业的选择，那些生产率高的企业会选择外包以降低可变成本，而生产率低的企业会选择一体化来降低固定成本，所以生产会集中到低成本的国家；当贸易的成本很高时，那些起初在本国生产投入品的企业也会开始在国外投资生产；而当贸易成本极高时，一些企业会在南方国家生产初级产品而在靠近北方市场的国家组装最终产品。此外，马林与维迪尔（Marin and Verdier，2008）根据美国和欧洲的企业显示分析了国际竞争的加强对于企业外包和一体化选择的影响。

第三，外包对工资差距的影响。20 世纪 80 年代开始，许多国家出现了工资差距扩大化的趋势。与此同时，国际外包的迅速发展成为这一阶段全球化的显著特征，研究外包对工资差距的影响就成为重要的方向。芬斯特拉与汉森（Feenstra and Hanson，1997）发现，由于美国公司在墨西哥建立了许多工厂，并将大量中间产品的制造外包给这些工厂，从而扩大了对墨西哥高技术工人的需求，推动了 20 世纪 80 年代后期墨西哥工资差距的上升。芬斯特拉与汉森（1999）基于三个生产要素的短期成本函数推导出高技术工人相对需求的回归方程，采用美国 1979～1990 年四位数的产业分类数据，以中间品进口贸易来衡量国际外包，结果发现美国国际外包的增加对于高技术工人和低技术工人之间工资差距的扩大，贡献度高达 22%。通过对 1991～2000 年德国制造业数据的分析，发现外包降低了低技术工人的工资，却提高了高技术工人的工资（Geishecher and Gorg，2004）。谢与伍（Hsieh and Woo，2005）的研究表明，在 1981～1996 年间，中国香港对内地外包贸易的增长对香港工资差距的扩大，贡献度高达 50%～60%。

目前，作为一种组织和治理力量的外包，在世界经济中发挥着越来越重要的作用，那么，发展中国家也就需要加入以外包为基础的国际分工体系。但发展中国家加入发达国家主导的以外包为基础的国际分工体系，不仅是为了融入国际生产和贸易体系获得贸易利得，更重要的是可以通过对接国际技术前沿，逐步提升自身在国际分工体系中的地位。遗憾的是，国外关于外包文献的研究主要聚焦在外包对国际贸易、企业边界和收入分配等方面的影响；较少关注外包对发展中国家国际分工地位的影响。

二、国内研究的现状和趋势

第一，外包与生产率。徐毅和张二震（2008）采用中国行业数据，实证检验发现外包会提高企业的劳动生产率，原因是外包产生了资本节约型的技术进步。刘海云和唐玲（2009）研究结果表明，在中国工业行业中，外包有利于企业劳动生产率的提高，而且服务外包对生产率的影响程度大于物质投入外包；高技术、低开放度以及大规模行业中国际外包对生产率的促进作用更为显著。姚战琪（2010）根据中国投入产出表，通过构建固定替代弹性生产函数和超越对数生产函数，就中国工业行业的工业外包、服务外包和总体外包对生产率的影响进行实证检验，分析结果显示：工业外包、服务外包和总体外包对工业行业生产率都有促进效应，但服务外包的生产率效应大于其他两种外包对生产率的贡献。

第二，外包与技术外溢。刘绍坚（2008）研究发现，中国企业承接国际软件外包获得了技术外溢的益处，提升了本土软件研发能力。在技术外溢的多种可能途径中，跨国公司的示范效应最显著。任志成和张二震（2012）基于江苏省服务外包基地城市的微观数据的研究表明，承接国际软件外包获得了技术溢出，企业创新能力也得到了提升。

此外，胡军等（2005）探讨了在全球价值链外包体系中，珠三角代工企业成长的路径选择，发现第一阵营的企业主动承接价值链的高端环节；第二阵营的企业则重在发挥规模经济，并向配套产业的方向发展。盛斌和牛蕊（2009）利用中国 1998 ~ 2006 年 31 个工业部门的面板数据，检验了外包对要素收入分配的影响，结果表明外包导致了国内熟练与非熟练劳动力工资差距的扩大。

国内关于外包的研究文献主要着力于外包对生产率和技术外溢等方面的影响。鉴于发展中国家加入以外包为基础的国际分工体系，更重要和更长远的目标是提升自身在该体系的分工地位，即不仅是增长问题（外包对发展中国家生产率有没有促进作用，有没有技术外溢），更是赶超问题（外包能否帮助发展中国家缩小差距，进而超越发达国家）。那么，今后的研究范式就应该从增长视角转换为赶超视角，全面分析外包对发展中国家经济波动、地区差距、通货膨胀、国民收入分配和产业升级等方面的影响。只有全面深刻分析外包对发展中国家经济各方面的影响，才可能帮助发展中国家在开放经济条件下，提升自身在以外包为基础的国际分工体系中的地位，最终实现对发达国家的战略赶超。

第四节 研究思路与方法

本书由八章组成，除第一章导论和第八章结论部分外，本书的研究思路和主要内容可以分为两大部分（见图 1-1）。

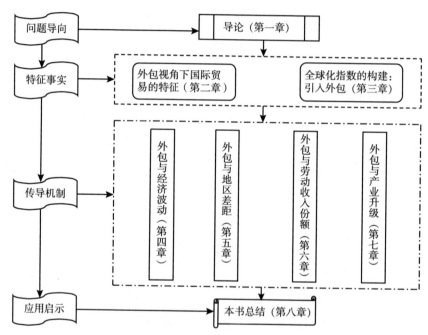

图 1-1 全书的总体框架、技术路线和基本内容

第一部分包括第二章和第三章。该部分主要利用全球价值链理论，考察了外包作为组织和治理当前国际分工体系的主要力量，对世界经济以及中国经济产生的影响，总结抽象其中的特征性事实。具体来说，第二章采用描述性统计和案例分析等方法总结了在外包的组织和治理下，当前国际贸易呈现的六个特征性事实；随后揭示了在中国贸易急剧增长的表象下，隐藏着外包这样一种组织和治理的力量，并从结构、地区、主体和地位等方面，分析了外包对中国对外贸易的影响。第三章首先对经济全球化进程中外包、贸易和投资"三位一体"的特征性事实进行了总结，然后基于这三个特征性事实，结合中国的行业面板数据，利用主成分分析法构建了反映中国开放进程的全球化指数，更好地反映了中国加入经济全球化的结构特征、具体过程和作用机理。

第二部分包括第四章、第五章、第六章和第七章。该部分主要结合全球价值链理论，考察当前国际分工体系背后的组织治理力量——外包，对经济波动、区域协调发展、国民收入分配和产业升级等的影响机制。其中，第四章探讨了外包对经济波动的影响。该章利用中国省级面板数据，在采用带有 Driscoll - Kraay 标准误的固定效应估计方法等稳健性回归之后，发现外包对经济波动的效应显著为正，并且可以通过出口和进口两种渠道造成经济波动。小企业、外资企业和低技术行业的比重越高，外包造成的经济波动就越大。进一步，该章发现外包冲击造成经济波动的机制表现为，主要是通过增加既有企业生产和就业的波动性——密度边际波动实现的；而不是通过增加企业数的波动性——扩展边际波动实现的。第五章探讨了外包对地区差距的影响。该章首先测度了中国八大区域的国际外包和国内外包水平，发现东部和中西部地区皆在国际外包体系中处于低附加值的分工环节；东部地区对中西部的产业关联效应更多地体现为将其压制在低级要素供应商的地位；国际外包体系与国内外包体系之间、区域间外包体系与区域内外包体系之间皆存在割裂。随后通过构建联立方程模型的实证发现，从整体上看，国际外包体系与国内外包体系之间、区域间外包体系与区域内外包体系之间均存在显著的负相关关系。第六章探讨了外包对国民收入分配的影响。该章利用中国的行业面板数据，采用带有 Driscoll - Kraay 标准误的固定效应估计方法等稳健性检验后，发现外包对劳动收入份额的效应显著为负。进一步研究发现，外包可以通过价格驱动、低端锁定和世界劳动力市场一体化三种渠道，降低发展中国家劳动力的报酬及其在国民收入中的份额。第七章探讨了外包对内资企业产业升级的影响。在利用中国制造业的面板数据，采用工具变量法克服了模型的内生性问题和区分了进出口的不同渠道后，该章揭示了在中国贸易急剧增长的表象下，隐藏着外包这样一种组织和治理的力量，可以对内资企业产业升级产生抑制效应，国际外包体系本质上是一种主导性企业控制和俘获内资企业的力量。

本书的研究方法可归纳为：第一，利用主成分分析法、方差分解方法、投入产出理论和要素份额模型等，进行严谨的分析，力求为本书的研究提供坚实的理论基础。第二，采用面板数据模型、联立方程模型、工具变量法和 Driscoll - Kraay 标准误等实证方法，对本书的假说进行验证，致力于得出稳健可靠的结论。第三，从数据方面来看，既有全国层面的数据，又有行业层面和地区层面的数据，从而为本书的实证分析提供了充足的经验支持。

第五节　可能的创新之处

本书可能的创新之处有：第一，从全球价值链的视角出发，深入研究外包对经济波动、区域协调发展、国民收入分配和产业升级等方面的影响机制，帮助发展中国家在开放经济条件下，提升自身在国际外包体系中的地位，最终实现对发达国家的战略赶超。第二，采用边际分析和方差分解等方法，论证了外包已经成为经济波动的重要来源，并且从企业规模、产权、行业特征与二元边际等方面挖掘了外包对经济波动的传导机制，拓展了经济波动理论的内涵。第三，基于投入产出理论，推导了测度国内外包体系——区域间外包体系与区域内外包体系的方法，并且利用中国区域间投入产出表进行了测度，为研究开放条件下的地区差距问题提供了新的方法与思路。第四，从价格驱动、低端锁定和世界劳动市场一体化三种渠道，深入挖掘了外包影响国民收入分配的具体机制，修正了传统理论对国际贸易与收入分配之间关系的论断。第五，产业升级不只是经济增长问题，更是战略赶超问题，故发展中国家在国际外包体系中实施产业升级的主体只能是内资企业。

第二章

外包组织治理下的国际
贸易：特征性事实

第一节　外包对国际贸易的影响：六个特征性事实

20 世纪后半期，外包作为一种组织和治理力量，将同一产品不同环节跨国分散，经济全球化因而不断朝功能一体化和国际性分散活动协作深化。具体到国际贸易领域，随着越来越多国际贸易的发生和组织通过外包来实现，当前国际贸易的结构、增速、利得分配、环境和风险等方面，均发生了重大变化。

第一，中间品贸易兴起，导致国际贸易的结构和增速发生重大变化。

作为一种组织和治理力量的外包，将同一产品不同环节跨国分散生产，这样就使其在成为最终品之前，派生出不同国家之间的进出口贸易，最终使中间品贸易在国际贸易中的比重越来越大，国际贸易因而呈现出产业间贸易、产业内贸易和产品内贸易的三元结构。在 1970～1990 年期间，垂直专业化对出口增长的贡献率达到了 30%，中间品贸易占国际贸易的比重越来越大（Hummels et al. , 2001）。可见，外包作为当今国际贸易组织和治理的力量，发挥了一个"贸易乘数"机制的作用。

第二，服务外包的迅速发展。

外包不仅对制造品的不同环节进行跨国分散协调，而且也逐渐对服务品的不同环节进行跨国分散协调，从而使服务外包迅速发展，成为推动国际服务贸易快速增长的新引擎。全球服务外包市场 2005 年规模达到 6 000 多亿美元，2007 年规模达到 12 000 亿美元，2008 年，全球离岸外包以超过 20% 的速度增长，半数以上的欧美公司将更多的服务外包到海外。服务外包的迅速增长推动了国际服务贸易的发展。在 2007 年的服务贸易统计中，以通信、计算机和信息、金融、保险、专利使用和特许等为代表的"其他服务贸易出口额"（基本为服务外包项目）为 1.65 万亿美元，增长 19%，已占全球服务贸易出口总额的 50.7%，继续成为全球服务贸易中贸易额最大、增长最快的类别（亚太总裁协会和国际外包中心，2009）。

第三，国际贸易始终集中在少数的国家或地区。

外包将同一产品的不同环节进行跨国分解，使发展中国家可以从事不同环节分解后的"贸易任务"（United Nations Industrial Development Organization，2009），降低了发展中国家加入国际生产与贸易体系的壁垒。但贸易壁垒的降低，也使发展中国家在国际生产与贸易体系中劳动密集型的环节过度进入，就会陷入"合成谬误"的困境。因而，真正成功加入国际贸易体系，并提高自身贸易份额的发展中国家是很少的。在 1985～2000 年期间，只有中国、韩国和墨西哥等很少的发展中国家在世界出口市场份额方面成为贸易赢家（UNCTAD，2002），国际贸易额的分布始终集中在少数的国家和地区（见表 2-1）。可见，外包尽管通过"贸易任务"的分割，降低了发展中国家进入国际市场的壁垒；但发展中国家由于比较优势相近，往往在国际生产与贸易体系中的劳动密集型环节过度进入，由此带来的"合成谬误"导致其很难提高自身的贸易份额。

表 2 - 1　　　　　　　　　　　　**国际货物贸易的集中化特征**

排序	1970 年	1980 年	1990 年	2000 年	2007 年
10	比利时和卢森堡	沙特阿拉伯	苏联	中国香港	加拿大
9	苏联	比利时和卢森堡	比利时和卢森堡	荷兰	比利时
8	意大利	苏联	加拿大	中国香港	意大利
7	荷兰	荷兰	荷兰	意大利	荷兰
6	加拿大	意大利	意大利	加拿大	英国
5	法国	英国	英国	英国	法国
4	日本	法国	法国	法国	日本
3	英国	日本	日本	日本	中国
2	联邦德国	联邦德国	德国	德国	德国
1	美国	美国	美国	美国	美国
前十国占世界货物贸易比重	0.62	0.58	0.62	0.58	0.54

资料来源：数据来自 www. unctad. org。

第四，形成区域性生产网络，促进区域内贸易的发展。

区域一体化作为国际贸易中的一种制度安排或协定，是一国参与国际贸易的重要渠道和方式，对国际贸易发挥着重要的影响，外包则是区域一体化在国际产品内分工下的贸易发展和治理的机制。地理位置邻近而要素禀赋结构不同的国家之间，在外包的组织和治理下，产品的各个生产环节在区域内部进行配置形成区域性的生产网络，由此产生的贸易创造效应不仅推动本区域贸易的发展，而且也使得区域一体化的程度加深（Arndt，2004）。东亚生产网络就是外包组织和治理下区域一体化的典型表现。在表 2 - 2 中，东亚各国之间的半成品、零部件、资本品和消费品的出口比例相当高，表明东亚各国通过承担外包组织治理下的国际生产与贸易体系的不同环节形成了互相协作的区域性生产网络。1980～2006 年，东亚地区的内部贸易额增加了 30 倍，而东亚与世界其他地区贸易额只增加了 10

倍；相应的，东亚地区内部贸易额占本地区总贸易额的比重从 22.4% 上升到 44.2%，与世界其他地区的贸易额占比则由 77.6% 下降到 55.8%，东亚生产网络朝着内部化的方向深化（唐海燕和张会清，2008）。

表 2-2　部分东亚国家/地区各环节在东亚生产网络内部的出口比例　　单位：%

国家/地区	1995 年				2006 年			
	半成品	零部件	资本品	消费品	半成品	零部件	资本品	消费品
日本	24.3	37.6	44.2	11.1	23.4	16.4	21.2	9.4
中国香港	15.9	11.0	9.6	16.2	11.0	17.0	9.2	12.1
中国台湾	12.6	8.2	9.8	8.5	10.4	15.6	9.6	3.8
韩国	12.0	8.5	5.6	7.6	11.8	9.2	10.8	4.3
新加坡	9.5	17.0	14.7	6.6	5.9	14.2	7.0	5.9
印度尼西亚	5.7	0.6	0.7	3.6	6.5	0.8	1.2	2.5
马来西亚	5.2	7.3	3.8	5.1	5.9	5.1	3.4	3.7
菲律宾	0.7	2.7	0.7	1.3	0.9	2.9	3.4	6.3
泰国	2.7	3.3	3.2	8.4	3.8	2.9	3.4	3.9
中国	11.5	3.9	7.6	31.7	20.3	15.9	32.9	51.3

资料来源：唐海燕和张会清（2008）。

第五，链外治理主体的多元化。

在外包组织和治理下发生的国际贸易，是外包的主导者利用一整套的治理机制对全球生产贸易网络进行组织和协调。这套集立法治理、司法治理和执法治理三权于一体的机制（如表 2-3 所示）使国际贸易环境变得更加复杂。外包组织和治理下发生的国际贸易，其治理和组织主要有两种主体：第一，主导性企业。第二，国际机构、政府和非政府组织等。特别需要指出的是，最近十几年，非政府组织和全球公民社会开始兴起，并介入过去被国际机构、政府和跨国公司主导的贸易治理中来，它们就各自最关心的利益、话题或理念来发言、参与或抗衡。如保护环境的积极分子要求环境标准成为贸易协议的一部分，人权主义者要求通过童工标准保护儿童权益等。非政府组织和全球公民社会的兴起，使得外包的治理主体多元化，国际贸易环境因而变得更加复杂。

表 2 - 3　　　　　　　　　　　外包治理主体的案例

治理类型	主导性企业	国际机构、政府和非政府组织等
立法治理	在交货的准时性、频率和质量等方面为供应商设定标准	环境标准；童工标准
司法治理	监测供应商满足标准的绩效	非政府组织监测劳工标准；专业公司监测 ISO 标准
执法治理	帮助供应商满足标准的供应链管理；帮助成员满足标准的生产者协会	专业化服务的提供者；政府产业政策的支持

资料来源：Kaplinsky and Morris（2006）.

第六，放大了世界贸易体系面临外部冲击的风险。

在外包组织和治理下，各国的生产过程和贸易活动密不可分；并且分工环节越是深化，跨国的生产贸易活动就越是频繁，从而形成了一个"乘数"机制。该机制一方面将同一产品不同环节在全球分散，由此带来的国际贸易使得各国贸易保护主义往往"加倍"地伤害自身利益，加大了贸易保护主义的操作难度和实施成本，为世界自由贸易的发展奠定了坚实的分工基础；另一方面，也放大了世界贸易体系面临外部冲击时的风险。以碳排放为例，制造企业的价值链一般包括采购、生产、仓储和运输，其中仓储和运输会产生大量的二氧化碳。一家制造企业的碳足迹中往往 70%来源于运输及供应链中（端宏斌，2009）。一旦应对全球气候变化的要求将碳排放标准纳入贸易活动，则外包的"乘数"机制将可能使国际贸易发生大幅萎缩，从而放大了世界贸易体系面临外部冲击的风险。

在外包的组织和治理下，国际贸易不仅迅速发展，而且呈现出与以往不同的特征。更重要的是，通过外包组织和治理下的国际贸易，世界市场不断融合，国家之间依赖加深，全球化因而意味着功能一体化和国际性分散活动的协作。

第二节　外包对中国对外贸易的影响

在外包的生产贸易模式在世界范围扩张的过程中，中国利用自身在劳动力方面的比较优势，承接其中的加工组装环节融入了世界贸易体系，对外贸易得到迅速发展。1978 年中国的进出口总额只有 206.4 亿美元，2009 年进出口总额则上升为 22 072.7 亿美元，增加了 107 倍。从世界范围来看，1978 年中国进出口总额排在世界第 29 位，到 2009 年中国进出口总额上升至世界第二位。① 因而，分析外包对中国对外贸易的影响，也就显得很有意义。

第一，加工贸易的比重大幅上升。

通过承接外包组织治理下的全球价值链中劳动密集型的加工组装环节，中国对外贸易的结构发生了根本性变化，加工贸易取代了一般贸易成为对外贸易的主要部分。1981 年中国的加工贸易进出口总额只有 26.4 亿美元，而在 2008 年中国的加工贸易进出口总额则高达 10 534.9 亿美元，增加了 399 倍，加工贸易进出口总额占货物贸易总额的比重则由 1981 年的 6.0%，上升到 2008 年的 41.1%，在有的年份更是超过了 50%；而原来占据主要部分的一般贸易的比重则由 1981 年的 93.5%，下降到 2008 年的 48.2%（见图 2-1）。

第二，加工贸易主要集中于东部地区。

中国承接外包组织治理下的全球价值链的劳动密集型环节所发展的加工贸易，具有"两头在外"的特点，即从国外进口机器设备、原材料、半成品和零部件，在国内加工组装后再出口销售。这种"两头在外"的

---

① 数据来自世界银行数据库 https://data.worldbank.org.cn/。

贸易模式使得东部地区可以利用自身区位优势，承接全球价值链的劳动密集型环节，再结合东部地区的工业基础和国家优惠政策等，最终形成了加工贸易主要发生在东部地区的格局，其中又以珠三角地区和长三角地区尤为突出。从图2-2来看，仅仅粤苏两省加工贸易占全国加工贸易比重在1990～2008年间始终维持在60%以上，广东省加工贸易占全省货物贸易比重在1990～2008年间始终维持在70%左右，江苏省加工贸易占全省货物贸易比重也从1990年的28.5%上升到2008年的53.7%。

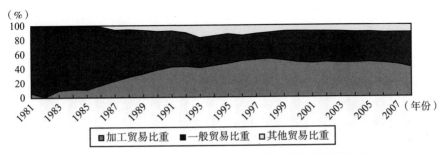

图 2-1　1981～2008 年中国加工贸易占货物贸易的比重

资料来源：《2009 中国统计年鉴》。

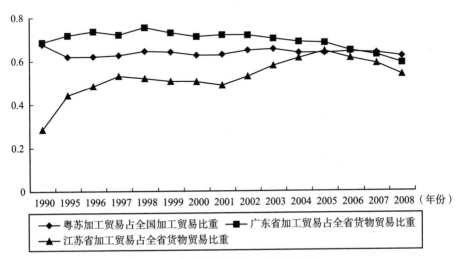

图 2-2　粤苏两省加工贸易的发展

资料来源：数据来自《中国统计年鉴》、《广东统计年鉴》、《江苏统计年鉴》和国研网数据库。

第三，外资企业成为加工贸易的主体。

在外包组织治理下，发达国家可以通过外资代工来组织贸易，分享发展中国家的低端要素租金，要素禀赋因而失去地理属性。伴随着中国成为世界上吸引 FDI（外商直接投资）最多的发展中国家，外资企业也成为中国加工贸易的主体。外资企业加工贸易占全国加工贸易的比重从 1995 年的 59.9% 上升到 2008 年的 84.5%，外资企业加工贸易占其货物贸易比重在 1995～2008 年间，始终保持在 70% 左右的水平（见图 2－3）。可见，在外包的组织和治理下，外资企业已经成为中国加工贸易的微观主体。

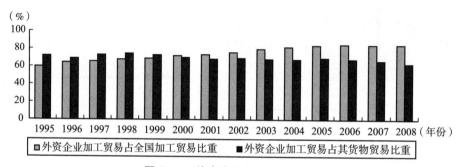

图 2－3 外资企业加工贸易比重

资料来源：《中国海关统计年鉴》。

第四，服务外包在中国方兴未艾。

面临全球服务外包的蓬勃发展，中国加大了承接国际服务外包的力度，服务外包在中国方兴未艾，正在成为新的贸易增长点。根据商务部统计，2008 年中国承接国际服务外包合同金额 58.4 亿美元，同比增长 83%；合同执行金额 46.9 亿美元，同比增长 192.6%，承接国际服务外包业务的企业达到 3 300 家，从业人员 52.7 万人。但与印度相比，该国 2008 年承接服务外包金额 422 亿美元，是中国的 9 倍，直接从业人员超过 200 万，是中国的 4 倍。中国在接受跨国服务外包方面仍处于初级阶段，所占市场份额很小。因而，中国应该抓住欧美等国分散风险培育新的接包国的机遇，力争成为全球最重要的服务外包基地之一。

第五，"世界加工厂"的分工地位。

在外包组织治理下，中国遵循自身的比较优势，立足于国内良好的基础设施、廉价的劳动力和高效的产业集群，通过承接其加工组装环节，迅速成为"世界加工厂"。"世界加工厂"的地位在使对外贸易成为推动"中国奇迹"的重要引擎的同时，也使中国始终面临如何提高自身分工地位的挑战。刘遵义等（2007）通过构建一种反映中国加工贸易特点的非竞争（进口）型投入占用产出模型，发现2002年中国对美国出口对中国国内就业的拉动虽是美国对中国出口对美国国内就业拉动的17倍之多，但由于中国出口的主要是劳动密集型产品，且加工贸易比重很大，导致出口所产生的效应远较出口总额小。再以中国爆炸式增长的高技术产品出口为例，中国对美国的高技术产品出口有95%是加工贸易，其中绝大部分是由外资企业生产；在国内，内外资企业之间在高技术产品出口结构上的技术差距仍然十分明显；中国向美国出口的高技术产品大部分仍是高技术价值链低端的小规模产品或零部件，而中国从美国进口的产品则主要是大规模的、复杂的和高附加值的机器设备（Ferrantino et al.，2008）。

第三节　小　　结

外包组织和治理下形成的"两头在外"的加工贸易模式，在推动中国外贸和经济迅速发展的同时，也导致中国经济很容易受到国外需求不确定性的冲击。这种冲击的渠道主要有：其一，一旦全球经济发生动荡和衰退，各国国内需求的下降导致产能过剩，从而引发贸易保护主义。中国目前对外需的依赖程度非常高，这使得中国首当其冲遭遇到外需放缓和贸易保护主义的侵袭。其二，加工贸易"两头在外"的模式，使得中国的进口和出口之间是互相引致的。这种进出口之间互相引致的关系，使得中国在危机下可以继续保持贸易顺差，外汇储备也不断增加。而贸易顺差的存在使得中国更容易遭受贸易保护主义的打击，而外汇储备的不断增加加大了中国在金融危机约束下保值增值和汇率政策等方面的压力。其三，中国在国际外包体系中劳动密集型的分工地位，使加工贸易为中国的农村剩余劳动力提供了大量的就业岗位。外需的波动，很容易造成农民工就业的困难。其四，中国的加工贸易主要发生在东部地区，这种加工贸易的地区差距，使得东部地区经济发展的外向型倾向更加突出，受到国际经济形势的冲击更大，经济衰退得就越快、越严重。其五，出口退税是中国加工贸易政策的重要组成部分。一旦面临全球经济危机的冲击和贸易保护主义的挑战，政府可能会相应地提高出口退税率，从而减少了政府的财政收入。2008 年全球经济衰退对中国外贸和经济的冲击就是典型的表现。

事实上，从长期来看，中国在外包组织和治理下形成的加工贸易模式，可能已经走到尽头。原因有：其一，要素成本上升。中国之所以能成为国际外包体系中的"世界加工厂"，低廉的要素成本是关键所在，但该竞争优势将不复存在。2009 年生产外包成本指数（2009 Manufacturing - Outsourcing Cost Index）表明，从综合成本来看，在各大主要制造业国家中，墨西哥的综合成本最低，印度其次，中国位居第三。其二，贸易依存度过高。以出口占 GDP 的比重来衡量一个国家经济的外向依存度，中国是世界大国中最高的之一。世界银行网站的统计资料显示，2005 年中国美元计价的出口占 GDP 的比重为 37.3%，高于全球平均的 27%，在全球十大经济体中仅次于德国（40.7%）和加拿大（37.9%），也高于同属"金砖四国"的俄罗斯（35.2%）、印度（19.9%）和巴西（15.1%）。① 今后，中国若继续增加自己如此高的外贸依存度，其难度和成本会越来越大。其三，国际环境的变化。一方面，当发达国家二战后的"婴儿潮"一代，也就是目前的主要消费人群逐渐退休之后，除非有突破性技术进步和制度创新出现，其经济发展能力势必会衰退，这将导致全球最重要的消费市场趋于低迷。另一方面，发达国家为了加强对国际外包体系的控制，会让更多的发展中国家承接外包订单，以加强国际外包体系低端环节的竞争。

---

① 数据来自 www.alixpartners.com。

为此，中国今后可能需要采取以下对策积极应对上述挑战：

第一，零部件标准化和产品模块化。在外包组织和治理下，中间品贸易的兴起意味着零部件标准化和产品模块化的能力成为提升一国出口竞争力的关节所在。零部件标准化之后，通过大批量生产可以大幅降低生产成本，这也意味着整个价值链成本的降低。最重要的是，标准化意味着同质情况下的价格竞争，品牌的价值影响便降到了最低。模块化的成长伴随着零部件标准化。在没有核心技术的前提下，通过产品模块化整合现有技术，中国制造也能够在国际外包体系中提高自己产品的附加值，实现在全球价值链中的产业升级。因而，应该利用中间品贸易背后的标准化和模块化趋势，在已有的或者有可能形成产品模块化的行业中，通过培育零部件标准化和产品模块化的能力，发挥中国"世界加工厂"的优势，推动自身向附加值高的环节攀升。

第二，构建国内价值链。通过构建国内价值链发展国内贸易，将经济增长方式从外向型转变为内外并重型。随着中国东部地区要素成本的上升、人民币的升值和贸易摩擦的增加等因素，集聚于此的加工贸易活动出现了扩散的趋势。应该将集聚在东部地区的加工贸易活动向中西部转移，避免这些活动外迁到其他发展中国家，延长和拉伸全球价值链在国内的环节，构建国内价值链。随着环节的增多和链条的拉伸，不同环节之间就可以协同互动，实现直接和间接的技术经济联系，从而促进国内贸易的发展和国内一体化程度。

第三，发挥全球大买家的作用。中国在经济发展的过程中，始终面临着资源的约束和技术的追赶。中国可以考虑动用自身在国际外包体系下积累的外汇储备，利用发达国家之间的竞争关系和相对开放的市场结构，购买其先进的技术和设备，提升自身的技术水平和生产率。此外，依据国际大宗商品的走势，适时购买原油、天然气和矿产品等战略物资，建立和健全自身的国家战略储备体系。这样，通过积极发挥全球大买家的作用，帮助中国最终实现产业升级。

第三章

引入外包的经济全球化：
界定与测度

第一节　全球化"三位一体"的进程

　　过去几十年世界经济活动最显著的变化之一，是经济全球化的浪潮不断推进和扩展。技术进步带来的运输和信息交流成本的下降，各国开放经济政策的自由化效应，导致国际生产、投资、贸易和人员活动的规模不断扩大，呈现出与以前各个全球化阶段不同的特征。全球化的主导者跨国公司，通过在全球范围内整合资源，构建链条对链条的竞争，网络对网络的竞争，进而提高自己的核心竞争力，使得全球化不断向纵深发展。全球化因此意味着功能的一体化和国际性的分散活动的协作（Gereffi，1999）。跨国公司为了获得竞争优势的整合行动，使这一阶段的全球化体现出三个显著性的特征：外包、投资一体化和贸易一体化。

　　经济全球化的推进伴随着国际分工的深化。跨国公司为了获得全球竞争力，将附加值低的产品生产工序外包给他国，或到他国投资设厂进行生产，自己只保留产品的研发、设计和营销等附加值高的工序。这种国际生产模式现在已从制造业扩展到服务业，成为国际生产活动中的主流。针对全球化进程中国际分工出现的这种新现象，学界使用了不同的术语来研究：垂直专业化、多阶段生产、产品内分工、竞合关系、国际生产分割、全球经济生产非一体化、全球生产分享、价值链切片、生产的非地方化、外包、代工等。本章将采用外包（outsourcing）来表述这种现象。

目前国际贸易主要表现为三种形式：第一，基于产业间分工的国际贸易，这种产业间贸易是各国依据自身的比较优势进行的；第二，基于产业内分工的国际贸易，新贸易理论认为这种产业内贸易遵循的是规模经济和寡头竞争的原则；第三，基于产品内分工的国际贸易，这种由产品内分工带来的中间品贸易兴起的原因除了比较优势、规模经济外，还有技术进步和政策自由化的作用。以三种形式表现的国际贸易总量在经济全球化中大幅增加，各国的进出口总额占 GDP 的比重也不断上升，其中中间品贸易在进出口贸易中所占的比重越来越大（Hummels et al.，2001）。国际贸易总量和形式的增加使各国融入全球化的程度不断增加。本章把这种现象称为经济全球化中的贸易一体化。

在外包和贸易一体化迅速发展的同时，国际投资也得到了迅猛的发展。通常，国际投资的目的可分为：资源（或要素）寻求型、市场寻求型和效率寻求型。一方面，跨国公司通过在外国投资，在东道国设立子公司，可以利用别国的禀赋，降低成本，并且可以抢占东道国的市场。另一方面，在外包成为当今国际产业发展主流的条件下，跨国公司为了提高整个系统的效率，在内部化与专业化的权衡中倾向于后者，把越来越多的产品工序外包给他国，这样就在东道国形成了大量的以产业集群形式存在的代工企业。而这些代工企业的建立也会引致大量投资。事实上，跨国公司为了获得竞争优势而进行的国际投资，以及由此引致的东道国投资，已经成为推动经济全球化最重要的力量之一。本章把这种推动经济全球化的力量称为投资一体化。

从企业层面来看，全球化是指企业将不同的生产环节放在成本最低的国家或地区进行生产，通过整合全球资源，获得竞争优势。在本次全球化的进程中，外包、贸易一体化和投资一体化互相影响、互相传导，发挥了至关重要的作用。本章把生产、贸易和投资在世界经济一体化过程中的作用机制称为"三位一体"。

中国从20世纪90年代开始，加快了融入经济全球化的步伐。1992年迄今，通过"三来一补"的加工贸易，承接国际外包业务，深度地嵌入了全球价值链，外包程度不断上升。在吸引外资方面，在世界上是位居第二的东道国，外资已经成为中国固定资产投资的重要来源。与此同时，中国的对外贸易也在高速增长，外贸依存度不断上升，进出口总额占世界的份额也有大幅度的提高（见图3-1）。在经济全球化的浪潮中，中国立足于规模巨大的国内市场、廉价而又丰裕的劳动力、低商务成本的产业和政府主导的投资性财政，通过外包、贸易一体化和投资一体化，迅速确立了自己"世界工厂"的地位。

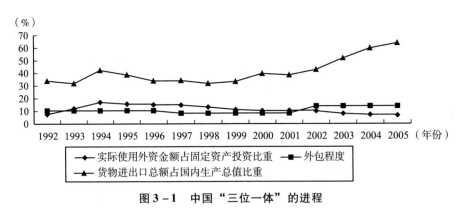

图3-1　中国"三位一体"的进程

资料来源：图中数据来自"中国投入产出表"、《中国统计年鉴》和《中国商务年鉴》等。

全球化带来的竞争愈益激烈的开放市场环境，要求所有国家、产业和企业都必须为获得核心竞争力而不断努力。这就使中国在全球化进程中，要想继续提升自己的地位和持续地获得利得变得极具挑战性。那么，要深入研究经济全球化进程对中国经济的静态和动态影响，经济全球化的测度就是一个需要首先解决的问题，特别是对实证研究来说。

既有文献对全球化的测度从范围来说主要有两条主线：一是经济的全

球化，科塞等（Kose et al.，2003）的全球化指标包括资本账户交易的限制和资本流量占 GDP 的比重两个方面。伯恩巴克（Gersbach，1999）将全球化定义为一国生产率领导产业对另一国生产率追随产业的影响，然后由国际贸易和 FDI 实现的联系强度来测度全球化。马春林和吴冲锋（2002）从生产资料、资本和劳动三种要素的价格差异性角度测度了经济全球化。二是从经济、政治等更全面的角度测度全球化。卡尼（Kearney，2002）的全球化指标体系包括经济一体化、技术、政治融合和民间往来四个方面。德雷尔（Dreher，2002）从经济、政治和社会三个角度出发，采集了 23 个变量，利用主成分分析法测度了各个国家的全球化程度。

既有文献一般是从横向角度比较各个国家宏观层面的全球化水平。与以往研究不同的是，本章利用行业层面的数据，将外包这一关键变量引入进来，从外包、贸易和投资三个方面测度了中国经济的开放度，该指数可以从微观视角更好地反映中国加入经济全球化的结构特征、具体过程和作用机理。本章下面的结构安排如下：第二节是经济全球化指数的构建方法，第三节是中国经济全球化指数的分析，第四节是小结。

第二节　经济全球化指数的构建：引入外包

一、指标说明

本章选取了外包指数、贸易一体化指数和投资一体化指数 3 个指标序列来度量中国经济全球化进程中的 3 个维度。

外包指数（os_{jt}）：指出口产品中所包含的进口中间投入品的比例。本章用此指标度量各个行业在生产方面融入全球化的程度。本章采用胡梅尔斯等（2001）和北京大学中国经济研究中心课题组（2006）提出的投入产出表法来计算外包指数。令 M_{jt} 表示行业 j 在 t 年进口的中间投入，Y_{jt} 表示行业 j 在 t 年的总产出，X_{jt} 表示行业 j 在 t 年的总出口，则：$os_{jt} = \dfrac{\left(\dfrac{X_{jt}}{Y_{jt}}\right)M_{jt}}{X_{jt}} = \dfrac{M_{jt}}{Y_{jt}}$。由于投入产出表不是每年都编制，再考虑到投入产出表所反映的生产技术短期内变化很缓慢，因此分别用 1997 年、2002 年的外包指数代替 1998~2001 年、2003~2005 年的外包指数。

贸易一体化指数（iti_{jt}）：t 年行业 j 的进出口总额与该行业工业增加值之比。本章用此指标度量中国在行业层面的贸易开放度。

投资一体化指数（iii_{jt}）：t 年行业 j 的三资企业资产总额与该行业全部企业资产总额之比。本章用此指标度量中国在行业层面的投资开放度。

二、数据来源及说明

本章采用的数据来自历年《中国统计年鉴》和联合国贸发大会数据库。单位是美元的数据，用当年的官方汇率把它折算成了人民币。这样，本章的样本包括了 33 个行业从 1998~2005 年的数据。

为了统一口径，本章将 1997 年投入产出表、2002 年投入产出表、《中国统计年鉴》的行业分类与联合国贸发大会数据库的行业分类进行了归类合并，其中联合国贸发大会数据库行业分类是依据国际贸易标准分类（SITC 第二版）进行的。合并后的 33 个行业为：1. 煤炭采选业；2. 石油和天然气开采业；3. 黑色金属矿采选业；4. 有色金属矿采选业；5. 非金属矿采选业；6. 食品加工制造业；7. 饮料制造业；8. 烟草加工业；9. 纺织业；10. 服装及其他纤维制品制造；11. 皮革毛皮羽绒及其制品业；12. 木材加工及竹藤棕草制品业；13. 家具制造业；14. 造纸及纸制品业；15. 印刷业记录媒介的复制；16. 文教体育用品制造业；17. 石油加工及炼焦业；18. 化学原料及制品制造业；19. 医药制造业；20. 化学纤维制造业；21. 橡胶制品业；22. 塑料制品业；23. 非金属矿物制品业；24. 黑色金属冶炼及压延工业；25. 有色金属冶炼及压延加工业；

26. 金属制品业；27. 普通机械制造业；28. 专用设备制造业；29. 交通运输设备制造业；30. 电气机械及器材制造业；31. 电子及通信设备制造业；32. 仪器仪表文化办公用机械；33. 电力蒸汽热水生产供应业。

三、主成分分析过程

主成分分析法（principal component analysis，PCA）是通过一组指标的几个线性组合来解释这组指标的方差—协方差结构的一种多元统计方法。该方法一方面可以用较少的主成分反映与原有的指标几乎一样多的信息，这样就对样本进行了压缩。另一方面，可以揭示出一些样本中隐藏的关系，对数据作出全新的解释。

中国是通过三位一体的方式融入全球化进程中的，没有一个变量能解释这么错综复杂的经济过程。因此本章利用主成分分析法，依据外包、贸易一体化和投资一体化的指标序列，构建了反映中国在行业层面融入全球化的综合性指标，即全球化指数（gi_{jt}）。从计量分析的角度来看，该方法不仅可以把大量数据精炼为可以处理的形式，避免了简单排除部分指标可能使系数估计产生的偏差，也可以解决多重共线性和自由度太小等问题。

表 3－1 是三个指标的方差分析结果。因子 1 的特征值大于 1，并且解释了三个指标方差的 66.7%。从图 3－2 的碎石图也可以看出，第 1 个因子到第 2 个因子的特征值变化相当明显，在此之后的特征值变化却显得很平稳。这说明，第 1 个因子基本可以包含原有样本中的信息。因此，本章把该因子作为中国经济的全球化指数。

表 3－1　　　　　　　　　　总方差分解

因子成分序号	因子特征值	因子方差贡献率
1	2.000	0.667
2	0.758	0.253
3	0.241	0.080

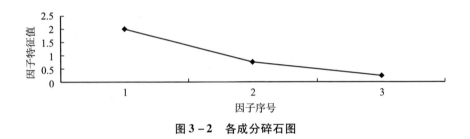

图 3-2　各成分碎石图

这样，就得到了 1998~2005 年的中国经济全球化指数。在表 3-2 中，最后一行的均值反映了该年全行业的经济全球化水平，最后一列的均值反映了某一行业历年的经济全球化水平。另外，本章以制造业为子样本（包括行业 6~行业 32，共 27 个行业），计算了相应的全球化指数。

表 3-2　　　　　　　　　　中国经济全球化指数

行业	1998 年	1999 年	2000 年	2001 年	2002 年	2003 年	2004 年	2005 年	均值	排序
1	-1.71	-1.71	-1.70	-1.65	-1.67	-1.69	-1.69	-1.68	-1.68	32
2	-1.26	-1.28	-1.19	-1.16	-1.08	-1.04	-1.03	-1.01	-1.09	30
3	0.15	0.17	0.31	0.58	0.09	0.11	0.33	0.27	0.26	10
4	-1.14	-1.12	-0.90	-0.84	-0.68	-0.50	-0.42	-0.18	-0.57	21
5	-1.29	-1.29	-1.23	-1.23	-1.03	-0.97	-1.00	-0.91	-1.08	29
6	-0.51	-0.53	-0.52	-0.52	-0.51	-0.47	-0.51	-0.51	-0.51	20
7	-0.96	-0.94	-0.97	-0.98	-1.00	-0.92	-0.91	-0.89	-0.94	25
8	-1.70	-1.71	-1.72	-1.71	-1.74	-1.74	-1.74	-1.74	-1.73	33
9	-0.24	-0.28	-0.23	-0.24	0.05	0.10	0.07	0.09	-0.03	15
10	1.13	1.08	1.11	0.88	0.95	0.98	0.90	0.88	0.96	6
11	1.46	1.55	1.57	1.38	1.67	1.53	1.37	1.53	1.50	4
12	0.11	0.03	0.05	-0.05	-0.26	-0.31	-0.34	-0.41	-0.24	17
13	0.35	0.56	0.72	0.66	0.84	0.96	0.86	0.93	0.82	7
14	-0.11	-0.02	0.18	0.09	0.03	0.04	0.07	0.22	0.09	13
15	-0.87	-0.83	-0.76	-0.63	-0.73	-0.69	-0.65	-0.74	-0.72	23

续表

行业	1998 年	1999 年	2000 年	2001 年	2002 年	2003 年	2004 年	2005 年	均值	排序
16	2.10	2.43	2.57	2.37	2.13	2.12	2.03	2.10	2.19	3
17	− 0.90	− 0.90	− 0.88	− 0.74	− 0.94	− 0.88	− 0.83	− 0.89	− 0.87	24
18	− 0.27	− 0.21	− 0.17	− 0.17	0.20	0.25	0.27	0.54	0.19	12
19	− 1.05	− 1.05	− 1.10	− 1.13	− 1.03	− 1.03	− 1.05	− 0.95	− 1.04	28
20	− 0.18	− 0.09	− 0.03	− 0.20	− 0.96	− 1.00	− 0.95	− 0.83	− 0.60	22
21	− 0.45	− 0.25	− 0.18	− 0.16	− 0.29	− 0.18	− 0.05	− 0.06	− 0.16	16
22	0.68	0.72	0.81	0.73	0.55	0.62	0.58	0.11	0.52	8
23	− 1.09	− 1.06	− 1.02	− 1.03	− 0.92	− 0.96	− 0.95	− 0.90	− 0.97	26
24	− 1.02	− 1.02	− 0.98	− 1.01	− 1.03	− 0.98	− 0.97	− 0.91	− 0.97	27
25	− 0.42	− 0.39	− 0.35	− 0.49	− 0.41	− 0.44	− 0.44	− 0.41	− 0.42	19
26	− 0.13	− 0.07	0.03	0.05	0.16	0.14	0.14	0.09	0.08	14
27	− 0.20	− 0.11	− 0.05	0.09	0.28	0.29	0.30	0.37	0.20	11
28	0.15	0.18	0.32	0.39	0.50	0.54	0.56	0.52	0.45	9
29	− 0.56	− 0.51	− 0.47	− 0.47	− 0.44	− 0.28	− 0.18	− 0.14	− 0.31	18
30	0.26	0.45	0.66	0.63	1.43	1.63	1.64	1.66	1.28	5
31	1.78	1.86	1.89	1.94	2.35	2.62	2.80	2.95	2.50	2
32	3.22	3.37	3.77	4.06	7.02	6.86	7.24	7.17	6.13	1
33	− 1.40	− 1.44	− 1.45	− 1.44	− 1.37	− 1.38	− 1.38	− 1.39	− 1.40	31
均值	− 0.44	0.40	− 0.33	− 0.32	− 0.16	− 0.05	− 0.04	− 0.01		

注：①某一年份的全球化指数（所有行业）的权重采用的是各个行业的工业增加值占全部行业工业增加值的总和的比重。②某一行业的全球化指数（所有年份）的权重采用的是各个年份的工业增加值占历年工业增加值的总和的比重。平减指数采用的是商品零售价格指数，以 1997 年为基期。

需要指出的是，利用主成分分析法计算出来的全球化指数在有的年份、有的行业出现了负值，这只是由主成分分析法的统计原理造成的。当以 1998 年为基准时，负值的经济学含义就很清楚了。

第三节　中国经济全球化指数的测度与分析

从表3-2可以看出，中国经济的全球化指数在样本期一直保持上升的趋势，从1998年的-0.44到2005年的-0.01。特别是在2001年之后，出现了加速的趋势。中国于2001年加入了WTO（世界贸易组织），实施了更优惠的开放政策。不断放松对外国的所有权、地理分布和经营范围的限制。对内调整出口退税政策和放开外贸经营权，这些都加快了中国经济融入全球化的速度。以制造业为子样本计算出的全球化指数也保持了同样的变化趋势，并且全球化程度更高。这说明采掘业和公共事业的开放度没有制造业高（见图3-3）。

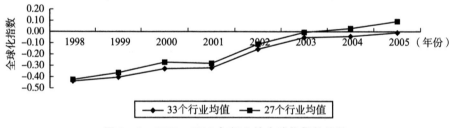

图3-3　1998～2005年行业的全球化指数均值

全球化程度最高的三个行业分别是：仪器仪表文化办公用机械、电子及通信设备制造业和文教体育用品制造业。中国对外开放的原因之一是为了与全球技术和创新体系建立联系，通过国际技术转移和外溢提升自己的技术水平。而仪器仪表文化办公用机械行业是一国工业化和自动化之"睛"。这样，就导致该行业开放度不断增强。中国凭借其在基础设施、市场空间和规模制造能力方面建立起"在位优势"，成为电子及通信行业的跨国公司在全球的主要设计和制造中心（联合国贸易与发展会议，2005），使该行业外向型程度加深。与此同时，到2004年底，在电子及通信设备制造业，外资在中国的市场份额已达到 50%，在仪器仪表文化办公用机械行业，外资的市场份额已达到 1/3（平新乔，2007）。全球化程度最低的三个行业分别是：烟草加工业、煤炭采选业和电力蒸汽热水生产供应业。这里，烟草加工业是国家利税的重要来源，2003 年该行业产品销售收入占整个工业行业的 1.5%，增值税却占到 4.5%。煤炭采选业和电力蒸汽热水生产供应业一个是采掘行业，一个是公共事业。这些关系到国计民生的行业，基本不对外资开放。

从各个行业在样本期间的变动趋势来看，全球化程度出现倒退的有三个行业：木材加工及竹藤棕草制品业、化学纤维制造业和塑料制品业。全球化程度基本保持不变的行业有：食品加工制造业、饮料制造业、烟草加工业、皮革毛皮羽绒及其制品业、文教体育用品制造业、石油加工及炼焦业、医药制造业、非金属矿物制品业、黑色金属冶炼及压延加工业、有色金属冶炼及压延加工业、电力蒸汽热水生产供应业。其余的行业全球化程度则表现出上升势头。以制造业为子样本计算出的全球化指数也基本保持了相同的状况（见图 3-4）。

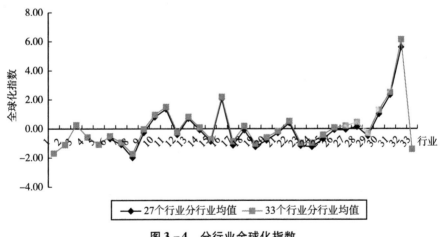

图 3-4　分行业全球化指数

从上面的分析可知，本章将外包这一关键变量引入，构建的经济全球化指数较好地解释了中国在开放过程中的总体趋势和结构特征，和经济现实拟合得较好。

第四节　小　　结

　　本章首先对经济全球化"三位一体"的特征性事实进行了总结，然后基于这三个特征性事实，再结合中国的行业面板数据，利用主成分分析法构建了反映中国开放进程的全球化指数。最后利用中国的经验事实对该指数进行了有效性检验。本章结论可以提供的一个重要洞见就是，外包作为一种组织和治理力量，已经成为全球化进程中不可忽视的重要因素，全球化因此意味着功能的一体化和国际性分散活动的协作。

第四章

外包与经济波动[*]

第一节　全球化时代经济波动的新来源

过往几十年世界经济最显著的变化之一，是发达国家将产品中的低附加值环节外包给发展中国家，形成了以产品不同环节跨国分割生产为特征的全球价值链。对于发展中国家来说，承接低附加值的外包订单的初衷是在加入全球价值链获得贸易利得的同时，攀升到全球价值链中研发和营销等高附加值的环节，实现本国的产业升级。考虑到发展中国家的经济往往表现出比发达国家更大的波动性（Koren and Tenreyro，2005；Krishna and Levchenko，2009），那么，随着发展中国家在全球价值链中逐步地产业升级，其经济的波动幅度就可以慢慢降低。考虑到产业升级进程中的诸多不确定性，探讨外包对发展中国家经济波动的影响，因而就显得意义重大。

经济波动一直是经济学研究的重大命题之一。在宏观经济学的框架中，经济波动是由外生的随机冲击造成的，这些冲击作用到经济上，形成了各个宏观经济变量的波动。尽管学界就经济波动是由外生冲击造成的已

---

[*] 本章原发表在《经济学》（季刊）2013 年第 12 卷第 2 期。

有共识，但不同的学派对各种冲击的重要性认识却各不相同。货币主义学派认为政府的货币政策冲击是经济波动的主要来源（Friedman，1968）。真实商业周期学派则认为货币政策冲击并不重要，技术冲击是造成经济波动的主要原因（Kydland and Prescott，1982）。新凯恩斯主义认为冲击可能来自总供给或总需求，市场的不完全性将放大这些冲击，从而导致经济波动（Mankiw and Romer，1991；Woodford，2003）。总之，冲击在经济波动的研究中居于核心地位，不同冲击所导致的经济波动有着不同的生成机制。因此，如何认识和分析冲击的来源和机制，是理解经济波动的基础。

自 20 世纪 80 年代以来，以美国为代表的发达国家宏观经济的波动性出现了大幅下降（Bernanke，2004），随着全球化的推进，发展中国家宏观经济的波动性也出现了下降的趋势，全球经济因而进入了"大稳健（the great moderation）"的时期。2008 年爆发的全球经济危机宣告了"大稳健"时期的终结，经济波动问题重新成为中心议题之一。本章认为外包作为一种组织和治理的方式，是全球经济从"大稳健"到"大恐慌"和"大紧缩"（Bean，2010）的重要因素之一。具体来说，通过全球外包的方式，发展中国家的廉价商品涌入发达国家，既帮助发达国家控制了通货膨胀，又使其保持了宽松的货币政策；与此同时，发展中国家的经济在发达国家旺盛需求的拉动下也保持了平稳的增长，从而出现了全球经济的"大稳健"。但以外包为基础的国际分工模式也造成了全球经济的失衡，一方面是发达国家宽松货币政策造成的资产泡沫和经常项目的巨额赤字，另一方面是发展中国家为满足旺盛需求出现的过度投资和经常项目的巨额盈余。一旦全球经济失衡突破临界点，就会出现全球经济的"大恐慌"和"大紧缩"，即发达国家资产泡沫的破裂和发展中国家的产能过剩。

因而，外包作为一种组织和治理的方式，已经成为全球化时代经济波动的重要来源。在由生产的垂直分割所形成的链条中，外包发起方的失误会引起外包承接方的困境；反过来，外包承接方的困境也会危害外包发起方的生存能力（Escaith and Gonguet，2009）。随着越来越多的国家加入以外包为组织和治理方式的全球价值链中，外包冲击已经成为一国经济波动的重要因素；成为经济波动跨国传导的重要因素（Escaith et al.，2011）；成为影响全球经济波动的重要因素。研究外包冲击对经济波动的影响机制，不仅可以丰富经济波动理论的内涵；而且可以帮助发展中国家减少本国的经济波动，为产业升级提供稳定的宏观环境。为此，本章提供了一个关于外包与经济波动关系的分析框架和理论假说，利用中国的省级面板数据实证检验之后，发现外包对经济波动的效应显著为正，并且可以通过出口和进口两种渠道造成经济波动。进一步，发现小企业、外资企业和低技术行业的比重越高，外包造成的经济波动就越大。此外，本章还发现外包冲击造成经济波动的机制表现为，主要是通过增加既有企业生产和就业的波动性——密度边际波动实现的；而不是通过增加企业数的波动性——扩展边际波动实现的。

在开放经济条件下，保持经济稳定运行面临的不确定增多。随着以外包为基础的国际分工模式在世界范围内的拓展和深化，外包冲击对一国经济波动的影响将不断加大。深刻认识外包冲击的重要性，并挖掘其背后的生成机制，就显得十分重要。对于发展中国家来说，攀升到全球价值链的高附加值环节是其加入全球价值链的出发点和归宿，但本章的研究表明，外包作为一种新的冲击，可能造成本国经济的大幅波动，进而中断产业升级的进程。这一含义对发展中国家如何调整产业升级战略是极具警示意义的。

本章可能的创新之处在于：第一，论证了外包是开放经济条件下，经济波动的重要来源，以外包为组织和治理力量的国际分工模式则是造成经济波动的更深刻的分工基础，从而丰富了既有文献对经济波动来源的认识和理解。第二，从企业规模、产权与行业特征的角度，挖掘了外包造成经济波动的具体传导机制，从而为理解和降低外包造成的经济波动提供了思路。第三，采用方差分解的方法，分析了外包造成的密度边际波动和扩展边际波动之间的协同性，发现两种波动效应难以互相抵消，这意味着承接外包可能使得衰退或危机更加严重。

本章其余部分的结构安排如下：第二节是关于外包与经济波动关系的

分析框架和理论假说，第三节是计量模型的设定与变量说明，第四节利用中国地区面板数据进行检验和分析，第五节考察外包造成经济波动的具体传导机制，第六节是经济波动的密度边际和扩展边际分析，第七节是就业波动的分差分解研究，第八节是结论与启示，附录 2 为稳健性检验的回归结果。

第二节　分析框架和理论假说

外包作为一种组织和治理的方式，不仅会对经济增长产生影响，而且也会对经济波动产生影响。本章此处将对外包影响经济波动的机制提供一个简单的分析框架；并在此基础上，提出有待检验的理论假说。

第一，企业外包决策的主动性。在以外包为基础的国际分工模式中，发达国家的企业是外包低附加值环节的发起方，发展中国家的企业是外包低附加值环节的接受方。一旦发达国家企业的外包决策受到宏观经济的冲击，其决策的主动性会造成发展中国家经济更大的波动。其具体机制可梳理为，当发达国家经济繁荣时，发达国家与发展中国家相对工资水平上升，从而促使发达国家的企业将更多的低附加值环节外包给发展中国家；当发达国家经济衰退时，发达国家与发展中国家相对工资水平下降，从而促使发达国家的企业减少低附加值环节的外包。这样，发达国家的企业通过低附加值环节的外包就将本国的冲击传导到发展中国家。由于发达国家的企业在繁荣时期将更多的低附加值环节外包给发展中国家，避免了本国经济的过度繁荣，却造成发展中国家经济的过度繁荣；发达国家的企业在衰退时期减少低附加值环节外包给发展中国家，避免了本国经济的过度衰退，却造成发展中国家经济的过度衰退，最终造成发展中国家的经济波动比发达国家更大的效应（Bergin et al.，2007）。勒瓦瑟（Levasseur，2010）发现，德国的跨国公司可以通过迅速有力地调整国际外包的水平，来平滑本国的经济波动；但这种调整却增加了斯洛伐克的经济波动。

　　第二，产业和地区的差异性。不同产业和地区承接外包规模和切入全球价值链程度的差异性，可能增加了宏观经济的波动。从产业角度来说，产品的技术可分性、运输成本和要素密集度等因素都会影响到外包的规模，造成不同产业切入全球价值链的程度各不相同。当一国对切入全球价值链程度高的产业依赖度比较高时，一旦这些产业发生波动，很容易造成该国的经济波动，这就是典型的产业脆弱性（Yari and Duncan，2007）。进一步，如果全球生产分享集中在更容易受周期性波动影响的产业，传导机制将被放大（Burstein et al.，2008）。可见，若承接外包规模较大的产业更容易受周期性波动的影响，那么，外包将造成更大的经济波动。从地区角度来说，地理位置、政策扶持和要素禀赋等因素都会影响到该地区承接外包订单的规模，形成不同地区切入全球价值链的程度各不相同。当切入全球价值链程度高的地区在一国经济总量的比重较大时，一旦全球价值链对这些地区造成冲击，就可能引发一国经济的波动，这就是所谓的地区脆弱性。事实上，发展中国家为了承接更多外包订单，往往扶持特定的产业和地区率先加入全球价值链，造成承接外包规模和切入全球价值链程度的产业差异和地区差异，这些差异进而成为经济波动的传导机制。

　　第三，"产业飞地"属性。发展中国家承接全球价值链的低附加值环节所形成的外包基地，难以避免"产业飞地"的属性，容易造成经济的波动。具体来说，其一，由于发展中国家赖以切入全球价值链的主要是劳动和自然资源等低端要素，一旦发展中国家出现劳动成本上升和资源枯竭等问题，发达国家就会将低附加值的环节外包给其他发展中国家，这样就会造成该国的经济波动。其二，为了利用发展中国家的低端生产要素和避免技术外溢等，发达国家通过国际资本输出，在发展中国家建立了大量的外资企业，从事外包订单的生产。一旦发展中国家的要素成本上升，它们更可能的选择是产业转移到其他发展中国家，而不是留在当地来产业升级。若这些从事外包订单生产的外资企业开始产业转移，则可能造成该国的经济波动。可见，发展中国家加入全球价值链所形成的外包基地，难以根植于本国经济。一旦发展中国家出现成本上升等情形，其"产业飞地"

的属性会导致大量的产业转移，引发该国的经济波动。

第四，产业升级的困境。发展中国家通过承接外包加入全球价值链后，往往实现了较低级的工艺升级和产品升级，却难以实现更高级的功能升级和链条升级，这种产业升级的困境往往容易引发宏观经济的波动。其一，产业升级的困境，使得发展中国家被锁定在低附加值的外包环节。考虑到低附加值的环节进入壁垒低，很容易造成发展中国家企业在该环节的过度进入和同质化竞争。这种恶性竞争可能会使企业更多地出现亏损或破产的状况，造成经济的波动。其二，发展中国家在完成较低级的工艺升级和产品升级之后，如果进行更高级的功能升级和链条升级，则与发达国家发生直接利益冲突。此时，发展中国家就可能被取消外包订单和排斥出全球价值链，若产业升级最终又难以实现，则可能引发大规模的产业衰退，造成经济波动。其三，产业升级的困境，使得发展中国家难以从事全球价值链中研发和营销等高附加值的环节，单一的加工组装环节难以与其他环节协同互动，这样就会缩短国内经济的循环累积因果链条，削弱国民经济直接和间接的技术经济联系，降低发展中国家对外部冲击的抵抗能力，最终造成宏观经济的波动。正如伯斯坦等（Burstein et al.，2008）所指出，如果从事全球生产分享的国家专业化于相似的活动，那么，这些国家更可能遭受各种冲击。综上所述，我们提出以下假说。

假说一：作为一种组织和治理方式的外包，会造成发展中国家的经济波动。

第五，"两头在外"的经济体系。对于发展中国家来说，通过外包组织和治理的经济体系具有"两头在外"的特征，即发展中国家从国外进口原料、辅料、零部件和机器设备，然后在国内加工组装后再出口。这种"两头在外"的经济体系使得发展中国家容易遭受如下双重冲击，进而造成经济波动：其一，从进口来说，若进口原料、辅料、零部件和机器设备的价格上升，由于发展中国家的外包企业在全球价值链议价能力的弱势地位，其很难将进口品价格上升的压力传递下去，从而对自身的生产经营造成不利影响，最终导致宏观经济的波动。其二，从出口来说，发展中国家加工组装后的产品需要再出口。考虑到发达国家的市场是驱动全球价值链的主要终端需求，那么，一旦发达国家发生需求不稳、贸易壁垒加大和汇率变化等情形，都会影响发展中国家加工组装后的产品的再出口，出现"全球贸易的坍塌"（Yi，2009），进而造成发展中国家的经济波动。在次贷危机引发的全球经济危机之后，属于亚洲生产网络的国家正从全球价值链的参与者和专业化于最后的装配环节，转向上游投入品的生产和地区生产网络的参与者并为国内消费者生产，以减少经济的波动性（Inomata and Uchida，2009）。故提出假说二。

假说二：作为一种组织和治理方式的外包，会通过出口和进口两种渠道造成发展中国家的经济波动。

第三节 模型设定与变量说明

为了对上一部分的理论假说一进行检验，本章此处引入如下的计量经济模型来分析外包与经济波动之间的关系：

$$\text{gsd}_{pt} = \alpha_0 + \alpha_1 \text{eios}_{pt} + \alpha_2 \text{tfp}_{pt} + \alpha_3 \text{gdpd}_{pt} + \alpha_4 \text{fdv}_{pt} + \alpha_5 \text{hi}_{pt}$$
$$+ \alpha_6 \text{fdi}_{pt} + \text{pdv} + \text{tdv} + \varepsilon_{pt} \tag{4-1}$$

这里，被解释变量 gsd 为实际 GDP 增长速度的 7 年滚动标准差。借鉴布兰查德与西蒙（Blanchard and Simon，2001）的方法，采用滚动标准差来度量经济波动，以更好地反映经济波动随时间的变化趋势。改革开放以来，中国的经济周期跨度平均为 6～7 年（刘树成，2009），故本章将滚动时窗固定为 7 年，这样就可以基本覆盖经济周期的长度。

解释变量 eios 是外包指数，反映承接外包的规模。鉴于中间品贸易理论与外包理论，都是以同一产品不同工序跨国垂直分割为基础的，只是研究的视角和侧重点不同，故本章以加工贸易进出口额占货物贸易进出口总额的比重作为承接外包规模的度量。

tfp 是全要素生产率的增长速度，用来测度技术进步。真实商业周期学派认为，技术冲击是造成经济波动的主要原因。汉山与普雷斯科特（Hansan and Prescott，1993）研究了全要素生产率冲击对经济波动的影响，指出该冲击反映了不可交易或不可度量的生产投入与宏观经济政策等因素对经济波动的影响。gdpd 是 GDP 平减指数，用来测度通货膨胀。货币主义学派认为政府的货币政策冲击是经济波动的主要来源，本章此处以 gdpd 作为政府货币政策冲击的代理变量，来控制计量模型中货币政策冲击对经济波动的影响。fdv 是金融发展水平，用来测度金融市场的发育程度。金融发展可以通过缓解流动性需求来减少经济的波动（Raddatz，2006）。hi 是重工业比重，测度产业结构的变化。孙广生（2006）探讨了造成经济波动的产业来源，发现重工业的景气波动主导了宏观经济的景气波动。fdi 是 FDI 比重，测度国际资本的流入状况。国际资本流入会改变一国的资源配置，引起资源价格的变化，进而造成该国的经济波动（Hallwood and MacDonald，2000）。

pdv 是地区虚拟变量。沿海地区在承接外包的过程中，与内陆地区相比在地理位置和政策支持等方面均有优势，故本章在计量模型中引入地区虚拟变量。tdv 是时间虚拟变量。中国 2001 年加入世界贸易组织，巩固了自身在全球价值链中承接加工组装外包订单的竞争优势，贸易规模迅速扩大，贸易增速明显加快。为控制中国加入 WTO 对实证结果的影响，本章在计量模型中引入时间虚拟变量。下标 p 表示省份，t 表示年份。ε 为随机扰动项。

通过外包组织和治理的发展中国家的经济体具有"两头在外"的特征，即从国外进口原料、辅料、零部件和机器设备，然后在国内加工组装后再出口。依据驱动主体分，全球价值链可以分为生产者驱动型（producer-driven）和购买者驱动型（buyer-driven）两种，中间品和资本品贸易属于生产者驱动全球价值链，消费品贸易属于购买者驱动型全球价值链（Gereffi，1999）。依据上述分类，全球价值链中的承接外包订单的企业，通过从国外进口中间品和资本品嵌入生产者驱动型全球价值链，又通过出口在国内加工组装的消费品嵌入购买者驱动型全球价值链。为了检验假说二，本章引入如下计量模型，以区分在两种驱动类型的全球价值链中，外包分别通过出口和进口的不同渠道对经济波动的影响：

$$\text{gsd}_{pt} = \beta_0 + \beta_1 \text{eos}_{pt} + \beta_2 \text{tfp}_{pt} + \beta_3 \text{gdpd}_{pt} + \beta_4 \text{fdv}_{pt} + \beta_5 \text{hi}_{pt} + \beta_6 \text{fdi}_{pt}$$
$$+ \text{pdv} + \text{tdv} + \omega_{pt} \tag{4-2}$$

$$\text{gsd}_{pt} = \gamma_0 + \gamma_1 \text{ios}_{pt} + \gamma_2 \text{tfp}_{pt} + \gamma_3 \text{gdpd}_{pt} + \gamma_4 \text{fdv}_{pt} + \gamma_5 \text{hi}_{pt} + \gamma_6 \text{fdi}_{pt}$$
$$+ \text{pdv} + \text{tdv} + \sigma_{pt} \tag{4-3}$$

这里，解释变量 eos 是外包出口指数，反映在出口渠道承接外包的规模；解释变量 ios 是外包进口指数，反映在进口渠道承接外包的规模。

表 4-1 报告了本章计量模型所涉及变量的具体定义，以及数据来源。

表 4-1　　　　　　　　变量定义和数据来源

gsd	实际 GDP 增长速度的 7 年滚动标准差	《中国统计年鉴》
eios	外包指数，指加工贸易进出口额占货物贸易总额的比重	国研网数据库、各省统计年鉴、《中国经济贸易年鉴》
eos	外包出口指数，指加工贸易出口额占货物出口贸易的比重	国研网数据库、各省统计年鉴
ios	外包进口指数，指加工贸易进口额占货物进口贸易的比重	国研网数据库、各省统计年鉴
tfp	全要素生产率的增长速度，本章采用 Tornqvist Index 的测算方法	《中国统计年鉴》、《中国国内生产总值核算历史资料 1952－2004》，单豪杰（2008）
gdpd	GDP 平减指数	《中国统计年鉴》、《新中国六十年统计资料汇编》
fdv	金融发展水平，金融机构人民币各项贷款余额占 GDP 的比重	《中国统计年鉴》、《新中国六十年统计资料汇编》、各省统计年鉴
hi	重工业比重，指重工业的工业总产值与工业总产值之比	《中国工业经济统计年鉴》、《中国经济普查年鉴 2004》
fdi	FDI 比重，指实际利用外商直接投资与国内生产总值之比	《中国统计年鉴》、《新中国六十年统计资料汇编》、各省统计年鉴

续表

pdv	地区虚拟变量，沿海省份设为 1，内陆省份设为 0	沿海省份为：北京、天津、河北、辽宁、上海、江苏、浙江、福建、山东、广东、广西和海南；其余为内陆省份（不包括西藏）
tdv	时间虚拟变量，2000～2001 年设为 0，2002～2009 年设为 1。	以中国加入 WTO 的年份为分界，进行设置

本章的实证研究采用的是中国的省级面板数据，即 2000～2009 年 30 省、自治区和直辖市（不包括西藏）的数据。

第四节　模型检验和实证分析

一、回归方法

在面板数据模型中，固定效应模型假定个体不可观测的特征与解释变量相关；随机效应模型则假定个体不可观测的特征与解释变量不相关，本章此处利用豪斯曼检验在二者之间进行筛选。

在采用面板数据进行回归分析时，如果观测值存在着横截面依赖的特征，此时忽视这种特征，尽管也会得到一致性的估计值；但估计值的有效性将会降低（Phillips and Sul，2003）。为此，本章在执行了 Pesaran CD 检验（Pesaran，2004）后，将采用带有 Driscoll – Kraay 标准误（D – K 标准误）的固定效应估计方法（Driscoll and Kraay，1998）[1]，进行稳健性估计。

---

① 此方法对随机效应模型不适用。

二、回归结果和分析

本章的实证分析以采用固定或随机效应模型的全部样本的回归结果为主，带有 D－K 标准误的固定效应（Fixed Effect，FE）和子样本等的回归结果作为稳健性检验。

1. 外包对经济波动的回归分析

在表 4－2 的方程（Ⅰ）中，依据豪斯曼检验采用随机效应模型回归之后，eios 的系数为正，并且通过了 10% 的显著性水平检验，表明外包与经济波动之间存在显著的正相关关系，初步验证了本章提出的假说一。

表 4－2　　　　　　　　计量模型（4－1）的回归结果

	（Ⅰ）RE	（Ⅱ）FE	（Ⅲ）RE	（Ⅳ）RE	（Ⅴ）RE
	全样本	D－K 标准误	去除直辖市	宽口径	去除广东省
eios	0.877 * (0.521)	1.929 ** (0.806)	0.929 * (0.573)	0.861 * (0.518)	1.005 * (0.584)
tfp	0.258 (0.776)	－ 0.027 (0.640)	0.481 (1.006)	0.261 (0.776)	0.331 (0.799)
gdpd	2.152 * (1.304)	1.545 (1.468)	1.527 (1.475)	2.141 * (1.303)	2.183 * (1.291)
fdv	－ 0.792 *** (0.179)	－ 1.056 *** (0.256)	－ 1.129 *** (0.265)	－ 0.791 *** (0.179)	－ 0.767 *** (0.178)
hi	0.568 (0.650)	1.318 * (0.703)	0.521 (0.754)	0.569 (0.650)	－ 1.992 (3.300)
fdi	－ 0.895 (3.080)	－ 1.444 (2.393)	－ 0.325 (4.099)	－ 0.884 (3.082)	－ 5.122 (8.082)
pdv	是	是	是	是	是
tdv	是	是	是	是	是

续表

	（Ⅰ）RE	（Ⅱ）FE	（Ⅲ）RE	（Ⅳ）RE	（Ⅴ）RE
	全样本	D－K 标准误	去除直辖市	宽口径	去除广东省
within R^2	0.141	0.152	0.145	0.141	0.132
between R^2	0.064		0.022	0.065	0.075
overall R^2	0.092		0.077	0.092	0.091
豪斯曼检验 P 值	0.182		0.458	0.192	0.212
Pesaran CD Test P 值		0.006			
样本数	300	300	260	300	290

注：①***、**、*分别表示1%、5%和10%水平上的显著性。②括号内的数字是标准差。③Pesaran CD Test 的零假设：残差是横截面不相关的。

2. 通过出口和进口两种渠道，外包对经济波动的回归分析

在表4－3的方程（Ⅰ）中，依据豪斯曼检验采用随机效应模型回归之后，eos 的系数为正，表明在出口渠道中，外包与经济波动之间存在正相关关系，遗憾的是未通过显著性检验。在表4－3的方程（Ⅱ）中，Pesaran CD 检验拒绝了零假设，采用 Driscoll－Kraay 标准误固定效应估计方法的结果表明，eos 的系数通过了显著性检验。因而本章推测可能是横截面的观测值受到一些共同因素的影响，从而造成了 eos 的系数在方程（Ⅰ）中不显著。

表4－3　　　　　　　　计量模型（4－2）的回归结果

	（Ⅰ）RE	（Ⅱ）FE	（Ⅲ）FE	（Ⅳ）RE	（Ⅴ）RE
	全样本	D－K 标准误	去除直辖市	宽口径	去除广东省
eos	0.550 (0.449)	1.108 *** (0.396)	1.067 * (0.636)	0.550 (0.449)	0.530 (0.476)
tfp	0.259 (0.778)	0.013 (0.616)	0.387 (1.008)	0.259 (0.778)	0.321 (0.798)

续表

	（Ⅰ）RE	（Ⅱ）FE	（Ⅲ）FE	（Ⅳ）RE	（Ⅴ）RE
	全样本	D-K标准误	去除直辖市	宽口径	去除广东省
gdpd	2.141* (1.310)	1.467 (1.466)	0.884 (1.525)	2.141* (1.310)	1.868 (1.326)
fdv	-0.823*** (0.179)	-1.089*** (0.266)	-1.363*** (0.316)	-0.823*** (0.179)	-0.821*** (0.182)
hi	0.497 (0.655)	1.260* (0.654)	1.054 (1.032)	0.497 (0.655)	0.472 (0.677)
fdi	-0.366 (3.066)	-0.503 (2.342)	-0.510 (4.975)	-0.367 (3.066)	-0.721 (3.293)
pdv	是	是	是	是	是
tdv	是	是	是	是	是
within R^2	0.132	0.140	0.140	0.132	0.126
between R^2	0.072		0.005	0.072	0.070
overall R^2	0.094		0.051	0.094	0.089
豪斯曼检验P值	0.643		chi2(7) = -0.98	0.640	0.470
Pesaran CD Test P值		0.001			
样本数	300	300	260	300	290

注：①***、**、*分别表示1%、5%和10%水平上的显著性。②括号内的数字是标准差。③Pesaran CD Test 的零假设：残差是横截面不相关的。④豪斯曼检验的 chi2 值为负，本章将其视为正无穷接受，选择固定效应模型。理由如下：在零假设下，固定效应和随机效应都一致，但随机效应更有效；在备择假设下，固定效应一致，随机效应不一致。豪斯曼检验的目的在于权衡随机效应在零假设下的更有效性和备择假设下的不一致性之间的重要程度。如果检验的值为负则意味着在原假设下固定效应更有效，显然，在这种情况下，固定效应任何一方面都要比随机效应好。

　　在表4-4的方程（Ⅰ）中，依据豪斯曼检验采用随机效应模型回归之后，ios 的系数为正，并且通过了1%的显著性水平检验，表明在进口渠道中，外包与经济波动之间存在正相关关系。这样，就初步验证了本章的假说二。

表4-4 计量模型（4-3）的回归结果

	（Ⅰ）RE	（Ⅱ）FE	（Ⅲ）RE	（Ⅳ）RE	（Ⅴ）RE
	全样本	D-K标准误	去除直辖市	宽口径	去除广东省
ios	1.403 ***	2.379 **	1.509 **	1.331 **	1.502 ***
	(0.543)	(0.947)	(0.594)	(0.531)	(0.580)
tfp	0.258	-0.013	0.467	0.266	0.325
	(0.769)	(0.668)	(0.997)	(0.770)	(0.788)
gdpd	2.104 *	1.436	1.450	2.073 *	1.842
	(1.290)	(1.438)	(1.460)	(1.290)	(1.302)
fdv	-0.741 ***	-0.972 ***	-1.094 ***	-0.742 ***	-0.737 ***
	(0.181)	(0.206)	(0.264)	(0.181)	(0.184)
hi	0.654	1.405 **	0.572	0.651	0.597
	(0.649)	(0.650)	(0.753)	(0.649)	(0.666)
fdi	-1.490	-1.828	-0.814	-1.438	-2.149
	(3.031)	(2.363)	(4.020)	(3.034)	(3.281)
pdv	是	是	是	是	是
tdv	是	是	是	是	是
within R^2	0.158	0.166	0.161	0.155	0.155
between R^2	0.063		0.023	0.064	0.055
overall R^2	0.096		0.084	0.096	0.088
豪斯曼检验P值	0.148		0.567	0.180	0.119
Pesaran CD Test P值		0.065			
样本数	300	300	260	300	290

注：同表4-2。

3. 稳健性检验

鉴于本章计量模型的随机扰动项可能存在着序列相关、异方差或自相关等问题，且数据结构属于大N小T型，本章此处采用带有 Driscoll-

Kraay 标准误的固定效应估计方法进行稳健性估计。比较表 4-2~表 4-4，可以看出回归结果相差不大，主要是在系数的显著性水平和标准误大小方面有所不同。值得指出的是，表 4-3 方程（Ⅱ）eos 的系数显著为正，说明表 4-3 其余方程的回归结果可能受到序列相关、异方差或自相关等问题的影响，导致 eos 的系数不显著。

是否包括直辖市的样本存在统计学上的差异（张晏和龚六堂，2006），因此本章在这里剔除了北京、天津、上海和重庆四个直辖市，以余下的省和自治区作为子样本进行了回归。本章第三节测算外包指数所用的加工贸易只包括来料加工贸易和进料加工贸易，考虑到加工贸易进口设备、出料加工贸易和出口加工区进口设备，均属于中间品贸易，故本章又用这五种贸易方式的进出口额，计算宽口径的外包指数，进行了稳健性估计。广东省 2000 年和 2009 年对外加工贸易额占全国比重分别为 54.8% 和 39.1%，占有举足轻重的地位，故本章在表 4-2~表 4-4 方程（Ⅴ）的回归中去除了该省。上述所有的回归结果并不改变本章的基本结论，提供了较好的稳健性检验。

第五节　经济波动的传导机制：企业规模、产权与行业特征

为了进一步分析外包造成经济波动的具体传导机制，本章在此处将构建外包与企业规模、产权和行业特征的交互项，这样，本章将计量模型（4-1）拓展如下：

$$gsd_{pt} = \kappa_0 + \kappa_1 eios_{pt} \times FPI_{pt} + \kappa_2 tfp_{pt} + \kappa_3 gdpd_{pt} + \kappa_4 fdv_{pt} + \kappa_5 hi_{pt}$$
$$+ \kappa_6 fdi_{pt} + pdv + tdv + \chi_{pt} \qquad (4-4)$$

这里，eios × FPI 为计量模型（4-4）中的交互项。FPI 为企业规模、产权和行业特征的代理变量，具体定义和数据来源见表 4-5。

表 4 - 5 　　　　　　　　　　　　　FPI 的定义和数据来源

企业规模	大中型企业比重，指大中型企业工业总产值占规模以上企业工业总产值的比重	《中国统计年鉴》、《中国工业经济统计年鉴》
	小型企业比重，指小型企业工业总产值占规模以上企业工业总产值的比重	
产权	内资企业比重，指国有企业、集体企业、股份企业和私营企业工业总产值占规模以上企业工业总产值的比重	《中国统计年鉴》、《中国工业经济统计年鉴》、《中国经济普查年鉴 2004》
	外资企业比重，指外资企业工业总产值占规模以上企业工业总产值的比重	
行业特征	低技术行业比重，指低技术行业工业总产值占全部行业工业总产值的比重	《中国经济普查年鉴 2008》、各省统计年鉴
	中高技术行业比重，指中高技术行业工业总产值占全部行业工业总产值的比重	

注：依据技术水平划分行业的具体情形参见附录 1。

一、企业规模

由于资本市场的不完全性，小企业在经济衰退时，比大企业更容易遭受紧缩的信贷市场的影响，从而表现出更大的波动性（Gertler and Gilchrist，1994；Kiyotaki and Moore，1997）。在承接外包订单的代工企业之间，其规模存在很大差异，既有大企业，也有数量众多的小企业。当发生经济衰退时，小企业由于遭受融资的困境等表现出更大的波动性，此时，发达国家的发包企业更倾向于将外包订单发包给波动性较小的大企业，从而保证自身全球价值链的稳定性和安全性，最终造成小企业在承接外包订单中的不利情形，进一步加大了小企业自身的波动性。可见，当一国经济中的小企业比重越高，发生经济衰退时，外包对该国经济造成的冲击可能就越大。

在表 4 -6 方程（Ⅰ）中，依据豪斯曼检验采用固定效应模型回归之后，eios×大中型企业比重的系数为正，未通过显著性水平检验；在表

4-6方程（Ⅱ）中，eios×小型企业比重的系数为正，通过了5%的显著性水平检验。这表明从企业规模来看，外包可能主要是通过小企业，而不是通过大企业来造成经济波动的；且一国经济中的小企业比重越高，外包造成的经济波动就越大。

表4-6　　　　　　　　　计量模型（4-4）的回归结果

	（Ⅰ）FE	（Ⅱ）FE	（Ⅲ）RE	（Ⅳ）FE	（Ⅴ）RE	（Ⅵ）FE
	企业规模		产权		行业特征	
eios×大中型企业比重	1.384 (0.898)					
eios×小型企业比重		3.117** (1.582)				
eios×内资企业比重			0.944 (0.590)			
eios×外资企业比重				4.012* (2.283)		
eios×低技术行业比重					2.117** (1.023)	
eios×中高技术行业比重						2.073 (1.509)
tfp	-0.251 (0.839)	-0.209 (0.837)	0.619 (0.810)	-0.106 (0.789)	0.637 (0.808)	-0.300 (0.839)
gdpd	-0.422 (0.467)	-0.598 (0.442)	0.335 (0.402)	1.494 (1.331)	0.304 (0.393)	-0.506 (0.455)
fdv	-1.231*** (0.272)	-1.223*** (0.272)	-0.797*** (0.189)	-1.045*** (0.241)	-0.744*** (0.194)	-1.263*** (0.272)
hi	2.116* (1.091)	2.578** (1.045)	0.482 (0.728)	0.744 (0.944)	0.616 (0.722)	2.244** (1.078)

	（Ⅰ）FE	（Ⅱ）FE	（Ⅲ）RE	（Ⅳ）FE	（Ⅴ）RE	（Ⅵ）FE
	企业规模		产权		行业特征	
fdi	0.825 (3.516)	-1.415 (3.744)	0.158 (2.971)	-1.629 (3.721)	-0.521 (3.019)	0.298 (3.574)
pdv	是	是	是	是	是	是
tdv	是	是	是	是	是	是
within R^2	0.141	0.146	0.137	0.135	0.143	0.139
between R^2	0.021	0.023	0.045	0.056	0.051	0.022
overall R^2	0.053	0.052	0.080	0.071	0.084	0.051
豪斯曼检验 P 值	0.003	0.000	0.088	0.006	1.000	0.004
样本数	300	300	300	300	300	300

注：同表 4 - 2。

二、产权

从跨国公司的投资动机来看，可以将 FDI 分为垂直型和水平型两种（Markusen，1995）。垂直型 FDI 是指依据各国的禀赋优势将生产过程分布在不同的国家，对东道国来说生产的产品主要用于出口；水平型 FDI 是指将在东道国生产的产品面向该国销售，以使产品更接近当地市场。由于发展中国家和发达国家之间的禀赋优势差异更大，那么，发展中国家吸引到的 FDI 更可能是垂直型的。在以外包为基础的国际分工模式中，跨国公司的垂直型 FDI 实现的是同一产品不同环节在各国的空间布局，由此在发展中国家就形成了承接外包订单的外资代工企业。正如本章第二节指出的，一旦发达国家的跨国公司在经济衰退时调整国际外包的水平，就会导致处于发展中国家的外资代工企业的外包订单急剧减少，严重时甚至导致这些企业破产倒闭，从而造成发展中国家经济的大幅波动。此外，这些布局于发展中国家的外资代工企业，主要是利用廉价的低端要素从事全球价值链中低附加值的生产环节，因而对当地的生产成本尤其敏感。一旦当地的生产成本上升，发达国家就会将低附加值的环节外包给其他发展中国家，这些外资代工企业就相应地转移到其他发展中国家，从而造成该发展中国家的经济波动。

在表4－6方程（Ⅲ）中，eios×内资企业比重的系数为正，未通过显著性水平检验；在表4－6方程（Ⅳ）中，eios×外资企业比重的系数显著为正。这表明从产权因素来看，外包可能主要是通过外资企业，而不是通过内资企业来造成经济波动的；且一国经济中的外资企业比重越高，外包造成的经济波动就越大。

三、行业特征

在国际分工体系中，发展中国家由于从事波动性更大的行业，导致其遭受了更大的产出波动。这种分工体系与产出波动间的联系关键就在于，发展中国家从事的波动性更大的行业生产的是复杂度较低的产品（Krishna and Levchenko，2009）。在以外包为基础的国际分工体系下，发达国家倾向于自己保留全球价值链中高技术含量的生产环节，而将低技术含量的生产环节外包给发展中国家，这样就使得发展中国家产品的复杂度降低，被锁定于波动性更大的行业，最终会造成发展中国家经济的更大波动。

在表4－6方程（Ⅴ）中，eios×低技术行业比重的系数显著为正；在表4－6方程（Ⅵ）中，eios×中高技术行业比重的系数为正，未通过显著性水平检验。这表明从行业的技术水平来看，外包可能主要是通过低技术行业，而不是通过中高技术行业来造成经济波动的；且一国经济中的低技术行业比重越高，外包造成的经济波动就越大。计量模型（4－4）的稳健性检验参见附录2.1。

第六节　经济波动的边际分析

本章第四节的回归分析表明，外包与经济波动之间存在显著的正相关关系，初步验证了本章的假说一和假说二。那么，从微观层面看，外包是如何造成经济波动的？佐雷尔（Zorell，2008）通过将外包区分为密度边际外包（中间投入的进口额）和扩展边际外包（外包活动的范围），在动态随机一般均衡模型中，探讨了外包对宏观经济波动的影响。

在本章中，从边际波动来看，外包可能通过以下两种方式增加经济的波动性：第一，企业生产的波动性，即密度边际波动（intensive marginal volatility）。对于发展中国家的企业来说，一旦发生生产成本上升和本币升值等冲击，由于其在全球价值链中的弱势地位，既难以向下游传递价格上涨的压力，也难以自身开拓销售市场，现实的选择就可能是调整存货和缩小生产规模，这样就增加了企业生产的波动性。以存货调整为例，全球价值链中的大玩家（large player）为了规避风险，总是将自身的存货保持在尽可能低的水平，但却要求自己的供应商尽可能维持大量的库存以保证自身的需求能得到随时的满足。那么，当出现最终需求减少或信用紧缩等情形，全球价值链中的大玩家削减自身存货的行为，就会传导到它的供应商，从而放大了这些供应商订单和存货的波动水平（Escaith et al.，2011）。第二，企业数的波动，即扩展边际波动（extensive marginal volatility）。更严重的是，当本国生产成本的上升、其他发展中国家的竞争和实施产业升级的风险等冲击不断加大时，发展中国家的企业仅仅依靠调整存货和生产规模也难以运行下去，此时企业破产可能就难以避免，从而造成经济的波动。

为了检验外包通过上述两种方式造成的经济波动效应，本章将单位企业的产值增长率的波动称为密度边际波动；将企业数的增长率的波动称为扩展边际波动，分别引入如下计量模型：

$$pgosd_{pt} = \lambda_0 + \lambda_1 eios_{pt} + \lambda_2 tfp_{pt} + \lambda_3 gdpd_{pt} + \lambda_4 fdv_{pt} + \lambda_5 hi_{pt} + \lambda_6 fdi_{pt}$$
$$+ pdv + tdv + \psi_{pt} \qquad (4-5)$$

$$nsd_{pt} = \eta_0 + \eta_1 eios_{pt} + \eta_2 tfp_{pt} + \eta_3 gdpd_{pt} + \eta_4 fdv_{pt} + \eta_5 hi_{pt} + \eta_6 fdi_{pt}$$
$$+ pdv + tdv + \varpi_{pt} \qquad (4-6)$$

这里，被解释变量 pgosd 为单位企业的工业总产值增长率的 7 年滚动标准差，以测度密度边际波动的大小；被解释变量 nsd 为企业数增长率的 7 年滚动标准差，以测度扩展边际波动的大小。其中，pgosd 和 nsd 的数据来自《中国统计年鉴》和《中国经济普查年鉴 2004》，其余变量的数据来源同表 4-1。

在表 4-7 方程（Ⅰ）中，依据豪斯曼检验采用固定效应模型回归之后，eios 的系数为正，并且通过了 10% 的显著性水平检验，表明外包与密度经济波动之间存在显著的正相关关系。这说明，外包可能通过降低企业生产的稳定性而造成经济波动。

表 4-7　　　　　　　　　计量模型（4-5）的回归结果

	（Ⅰ）FE	（Ⅱ）FE	（Ⅲ）FE	（Ⅳ）FE	（Ⅴ）FE
	全样本	D-K 标准误	去除直辖市	宽口径	去除广东省
eios	0.085 * (0.046)	0.085 *** (0.021)	0.091 * (0.048)	0.084 * (0.045)	0.087 * (0.047)
tfp	-0.034 (0.052)	-0.034 (0.042)	-0.028 (0.065)	-0.034 (0.052)	-0.034 (0.054)
gdpd	0.068 ** (0.029)	0.068 ** (0.026)	0.037 (0.032)	0.068 ** (0.029)	0.068 ** (0.030)
fdv	-0.021 (0.017)	-0.021 ** (0.010)	-0.053 ** (0.022)	-0.021 (0.017)	-0.021 (0.018)
hi	0.120 * (0.067)	0.120 (0.124)	0.178 ** (0.074)	0.120 * (0.067)	0.125 * (0.070)

续表

	（Ⅰ）FE	（Ⅱ）FE	（Ⅲ）FE	（Ⅳ）FE	（Ⅴ）FE
	全样本	D－K 标准误	去除直辖市	宽口径	去除广东省
fdi	-0.381 * (0.224)	-0.381 * (0.219)	-0.611 ** (0.297)	-0.383 * (0.224)	-0.368 (0.250)
pdv	是	是	是	是	是
tdv	是	是	是	是	是
within R²	0.263	0.263	0.273	0.263	0.262
between R²	0.001		0.010	0.001	0.002
overall R²	0.089		0.097	0.089	0.092
豪斯曼检验 P 值	chi2(7) = -21.54		chi2(7) = -11.25	chi2(7) = -23.03	chi2(7) = -111.06
Pesaran CD Test P 值		0.188			
样本数	300	300	260	300	290

注：同表 4-3。

在表 4-8 方程（Ⅰ）中，依据豪斯曼检验采用固定效应模型回归之后，eios 的系数为正，表明外包与扩展经济波动之间存在正相关关系，遗憾的是未通过显著性检验。

表 4-8　　　　　　　　　计量模型（4-6）的回归结果

	（Ⅰ）FE	（Ⅱ）FE	（Ⅲ）FE	（Ⅳ）FE	（Ⅴ）FE
	全样本	D－K 标准误	去除直辖市	宽口径	去除广东省
eios	0.049 (0.048)	0.049 (0.034)	0.057 (0.051)	0.047 (0.048)	0.053 (0.049)
tfp	0.012 (0.055)	0.012 (0.047)	0.022 (0.069)	0.011 (0.055)	0.014 (0.057)
gdpd	0.141 *** (0.030)	0.141 *** (0.042)	0.128 *** (0.034)	0.140 *** (0.030)	0.148 *** (0.031)

续表

	（Ⅰ）FE	（Ⅱ）FE	（Ⅲ）FE	（Ⅳ）FE	（Ⅴ）FE
	全样本	D - K 标准误	去除直辖市	宽口径	去除广东省
fdv	- 0.054 ***	- 0.054 ***	- 0.054 **	- 0.054 ***	- 0.052 ***
	(0.018)	(0.014)	(0.023)	(0.018)	(0.018)
hi	0.0003	0.0003	- 0.012	0.001	- 0.022
	(0.070)	(0.091)	(0.079)	(0.070)	(0.073)
fdi	- 0.123	- 0.123	- 0.249	- 0.123	- 0.012
	(0.236)	(0.120)	(0.316)	(0.236)	(0.262)
pdv	是	是	是	是	是
tdv	是	是	是	是	是
within R^2	0.274	0.274	0.257	0.274	0.265
between R^2	0.245		0.044	0.251	0.192
overall R^2	0.011		0.080	0.011	0.015
豪斯曼检验 P 值	0.017		0.000	0.016	0.018
Pesaran CD Test P 值		0.000			
样本数	300	300	260	300	290

注：同表 4 - 2。

对比表 4 - 7 和表 4 - 8 的回归结果，可以发现 λ_1 不仅比 η_1 大，而且 λ_1 也通过了显著性水平检验。这可能表明，外包从微观层面对经济波动的影响，主要是通过增加既有企业生产的波动性实现的，而不是通过增加企业数的波动性实现的。

第七节　就业波动的方差分解

发展中国家通过承接低附加值的外包订单加入全球价值链，是包含两个目标的：产业升级和扩大就业，即一方面遵循工艺升级→产品升级→功能升级→链条升级的路径，攀升到全球价值链的高附加值环节；另一方面低附加值的外包订单一般为产品的加工组装环节，具有劳动密集型的特征，这样就可以为本国剩余劳动力提供大量的就业岗位。那么，作为一种组织和治理方式的外包，是否会造成发展中国家的就业波动呢？本章第五节认为，外包可以通过微观企业的层面影响经济波动。考虑到发展中国家承接外包加入全球价值链的企业，主要是利用本国廉价的劳动力从事全球价值链中的加工组装环节，那么，不管是既有企业生产的波动，还是企业数的波动，都可能造成就业的波动。泰斯马尔与托尼格（Thesmar and Thoenig，2007）的研究表明，生产的垂直分割，增加了销售额和就业在企业层面的波动性。

相应的，为了检验上述两种方式的就业波动效应，本章将单位企业的就业人员增长率的波动称为密度边际波动；将企业数的增长率的波动称为扩展边际波动。此外，为了分析密度边际波动和扩展边际波动的协同性，本章也将二者的协方差引入计量模型。最终，本章采用方差分解的方法建立如下计量模型：

$$\mathrm{epv}_{pt} = \delta_0 + \delta_1 \mathrm{eios}_{pt} + \delta_2 \mathrm{tfp}_{pt} + \delta_3 \mathrm{gdpd}_{pt} + \delta_4 \mathrm{fdv}_{pt} + \delta_5 \mathrm{hi}_{pt} + \delta_6 \mathrm{fdi}_{pt}$$
$$+ \mathrm{pdv} + \mathrm{tdv} + \pi_{pt} \qquad (4-7)$$

$$\mathrm{pepv}_{pt} = \phi_0 + \phi_1 \mathrm{eios}_{pt} + \phi_2 \mathrm{tfp}_{pt} + \phi_3 \mathrm{gdpd}_{pt} + \phi_4 \mathrm{fdv}_{pt} + \phi_5 \mathrm{hi}_{pt} + \phi_6 \mathrm{fdi}_{pt}$$
$$+ \mathrm{pdv} + \mathrm{tdv} + \tau_{pt} \qquad (4-8)$$

$$\mathrm{nv}_{pt} = \theta_0 + \theta_1 \mathrm{eios}_{pt} + \theta_2 \mathrm{tfp}_{pt} + \theta_3 \mathrm{gdpd}_{pt} + \theta_4 \mathrm{fdv}_{pt} + \theta_5 \mathrm{hi}_{pt} + \theta_6 \mathrm{fdi}_{pt}$$
$$+ \mathrm{pdv} + \mathrm{tdv} + \nu_{pt} \qquad (4-9)$$

$$\mathrm{cv}_{pt} = \rho_0 + \rho_1 \mathrm{eios}_{pt} + \rho_2 \mathrm{tfp}_{pt} + \rho_3 \mathrm{gdpd}_{pt} + \rho_4 \mathrm{fdv}_{pt} + \rho_5 \mathrm{hi}_{pt} + \rho_6 \mathrm{fdi}_{pt}$$
$$+ \mathrm{pdv} + \mathrm{tdv} + \varphi_{pt} \qquad (4-10)$$

这里，被解释变量 epv 为就业人员增长率的 7 年滚动方差，以测度就业波动的大小；被解释变量 pepv 为单位企业的就业人员增长率的 7 年滚动方差，以测度密度边际波动的大小；被解释变量 nv 为企业数增长率的 7 年滚动方差，以测度扩展边际波动的大小；被解释变量 cv 为单位企业的就业人员增长率和企业数增长率的协方差，以测度密度边际波动和扩展边际波动的协同性。其中，被解释变量的数据来自《中国统计年鉴》、《中国经济普查年鉴 2004》和《中国工业交通能源 50 年统计资料汇编 1949 -
1999》，其余变量的数据来源同表 4 - 1。

在表 4 - 9 方程（Ⅰ）中，依据豪斯曼检验采用固定效应模型回归之后，eios 的系数为正，并且通过了 5% 的显著性水平检验，外包与就业波动之间存在显著的正相关关系。这可能表明，作为一种组织和治理方式的外包，会造成发展中国家的就业波动。

在表 4 - 9 方程（Ⅱ）中，依据豪斯曼检验采用固定效应模型回归之后，eios 的系数为正，并且通过了 5% 的显著性水平检验，表明外包与就业的密度边际波动之间存在显著的正相关关系，外包可能通过减少企业就业的稳定性而造成波动。在表 4 - 9 方程（Ⅲ）中，依据豪斯曼检验采用固定效应模型回归之后，eios 的系数为正，表明外包与就业的扩展边际波动之间存在正相关关系，遗憾的是未通过显著性检验。对比方程（Ⅱ）和（Ⅲ）的回归结果，可以发现只有 ϕ_1 通过了显著性水平检验，可能表明外包从微观层面对就业波动的影响，主要是通过增加既有企业就业的波动性实现的；而不是通过增加企业数的波动性实现的。

表 4 - 9　　　　　　计量模型 （4 - 7）～（4 - 10）的回归结果

	（Ⅰ）FE	（Ⅱ）FE	（Ⅲ）FE	（Ⅳ）FE
	就业方差	每企业就业方差	企业单位数方差	协方差
eios	0.685 ** (0.297)	1.788 ** (0.850)	1.813 (1.433)	- 0.323 (0.928)
tfp	- 0.088 (0.339)	- 0.169 (0.971)	0.466 (1.636)	1.538 (1.016)
gdpd	- 0.162 (0.186)	1.736 *** (0.533)	2.663 *** (0.899)	- 0.970 (1.741)
fdv	- 0.520 *** (0.110)	- 1.451 *** (0.315)	- 1.663 *** (0.531)	1.784 *** (0.314)

	（Ⅰ）FE	（Ⅱ）FE	（Ⅲ）FE	（Ⅳ）FE
	就业方差	每企业就业方差	企业单位数方差	协方差
hi	1. 814 *** (0. 433)	1. 218 (1. 241)	2. 040 (2. 093)	- 2. 403 ** (1. 21)
fdi	- 2. 525 * (1. 453)	- 13. 716 *** (4. 161)	- 4. 831 (7. 014)	7. 154 (4. 720)
pdv	是	是	是	是
tdv	是	是	是	是
within R^2	0. 234	0. 327	0. 228	0. 212
between R^2	0. 095	0. 116	0. 229	0. 260
overall R^2	0. 000	0. 007	0. 001	0. 025
豪斯曼检验 P 值	0. 000	0. 007	0. 005	0. 000
样本数	300	300	300	300

注：同表 4 - 2。

　　如果单位企业的就业增长率与企业数的增长率变化同时上升或下降，则密度边际波动效应和扩展边际波动效应就会叠加，造成就业的更大波动；如果单位企业的就业增长率与企业数的增长率一个上升另一个下降，则密度边际波动效应和扩展边际波动效应就会抵消，减少就业的波动幅度。在表 4 - 9 方程（Ⅳ）中，依据豪斯曼检验采用固定效应模型回归之后，eios 的系数为负，未通过显著性水平检验，表明不存在外包与就业的两种边际波动互相抵消的情形之间的显著负相关关系。这一发现意味着承接外包可能使得衰退或危机更加严重，当然相对于两种边际波动来说，该效应是第二序的。计量模型（4 - 7）~ 模型（4 - 10）的稳健性检验参见附录 2. 2。

第八节 小 结

过往几十年通过外包形成以产品不同环节跨国分割生产为特征的全球价值链，是全球化进程中最深刻的变化之一。在此次全球化的浪潮中，中国凭借劳动力等低端要素的优势，承接全球价值链中低附加值的外包订单，发展成为全球最重要的外包制造平台。全球外包制造平台地位的确立，使得中国以加工贸易为主体的对外贸易成为推动中国经济增长的重要力量。但承接外包和加入全球价值链在使中国成为全球化少数的几个赢家的同时（UNCTAD，2002），也使中国经济的平稳运行面临巨大的风险。肇始自美国的"次贷危机"从 2008 年后半年起，开始从美国向全球传导，最终引发了全球范围内的经济危机。中国在此次全球经济危机中也不可避免地受到了很大的冲击，经济增长、就业和进出口等方面均出现大幅波动。王洛林等（2010）发现，在此次危机中，造成中国沿海地区中小企业减产、停产破产的主要原因是，国外需求下降导致的外包订单大幅度减少。

事实上，外包作为一种新的组织和治理方式，对一国乃至全球的经济波动冲击越来越大。全球价值链下的外包活动，已经成为经济波动的重要来源，不仅关系一国宏观经济的平稳运行；而且关系到全球化进程的稳步推进。对于发展中国家来说，外包冲击可能造成本国经济的大幅波动，进而中断其攀升到高附加值环节的赶超进程。正是从这一意义上说，实现产业升级与降低经济波动同样重要；或者降低经济波动本身就是发展中国家产业升级的一个方面。

为了分析外包与经济波动的关系，进而挖掘其背后的传导机制，本章提供了一个关于外包与经济波动关系的分析框架和理论假说，利用中国2000～2009 年的省级面板数据，在采用带有 Driscoll - Kraay 标准误的固定效应估计方法等稳健性回归之后，发现外包对经济波动的效应显著为正，并且可以通过出口和进口两种渠道造成经济波动。进一步，发现小企业、外资企业和低技术行业的比重越高，外包造成的经济波动就越大。此外，本章还发现外包冲击造成经济波动的机制表现为，主要是通过增加既有企业生产和就业的波动性——密度边际波动实现的；而不是通过增加企业数的波动性——扩展边际波动实现的。

鉴于外包冲击对经济波动的影响，特别是对发展中国家产业升级的威胁，本章认为发展中国家需要从以下几个方面调整战略，以更好地化解外包对经济波动的冲击，为本国的产业升级提供稳定的环境。

第一，产业升级是化解外包冲击的根本出路。在经济危机中，受到冲击最大的往往是传统的制造业中心，即所谓的"崩坍地带"；而那些创新型地区受到的冲击则较小，复苏也比较容易（Florida，2009）。全球价值链中研发和营销等高附加值环节，属于创新型环节；加工组装等低附加值环节，属于制造环节。为了减少经济波动，发展中国家必须加大产业升级的力度，逐渐摆脱以制造为主的加工组装环节，攀升到以创新为主的研发和营销等环节，将本国从全球价值链的外包制造平台转型升级为全球创新中心，增加产品的复杂度，从根本上化解外包对本国经济的冲击。

第二，发展国内价值链（national value chain，NVC）是化解外包冲击的关键通路。发展中国家往往只承担全球价值链中加工组装的外包订单，全球价值链在本国的链条太短。这样就使发展中国家只是部分产业和部分地区加入全球价值链，从而造成了不同产业之间的割裂，不同地区之间的差距，削弱了本国经济的循环累积因果效应，最终降低本国经济抵抗外包冲击的能力。鉴于发展中国家承接外包的地区往往相对发达，发展中国家化解外包冲击的关键通路就在于，激励这些率先承接外包和加入全球价值链的地区发展高附加值环节，同时将这些地区的低附加值环节转移到本国相对落后的地区，由此延长和拉伸全球价值链。

在本国国内的环节，培育和发展国内价值链。随着国内价值链的发展和壮大，就可以通过不同环节之间的协作，实现区域整合与产业互动，解决本国地区和产业的脆弱性，促进本国经济直接和间接的技术经济联系，最终增加本国经济抵抗外包冲击的能力。

第三，实施外资代工到内资代工的转变是化解外包冲击的微观基础。出于分享发展中国家低端要素的租金、避免技术外溢和维护供应链的稳定等因素的考虑，发达国家在发展中国家建立了大量的外资工厂，承接全球价值链中的外包订单，甚至在发展中国家形成了以外资代工为主的格局。这些外资代工企业在发展中国家要素成本上升时，往往会外迁到其他发展中国家。内资代工企业的选择却可能与外资代工企业有着本质的差异。相对于国外市场，国内市场可能受到保护、沟通和运输成本低、环境熟悉等（瞿宛文，2007），在生产成本上升后，内资代工企业往往会在本国实施产业升级战略，而不是产业外移他国或退出市场，这样就会缓解本国的经济波动。可见，实施外资代工企业到内资代工企业的转变，可以增加发展中国家经济的根植性和本土性，避免本国成为全球价值链下的"产业飞地"，从而为化解外包冲击奠定坚实的微观基础。

第四，鼓励和扶持内资企业做大做强。企业从原始设备制造（original equipment manufacture，OEM）→原始设计制造（original design manufacture，ODM）→自创品牌（own brand manufacture，OBM）的转换，被视为产业升级的主要路径（Humphrey and Schmitz，2002）。若发展中国家的内资企业在规模方面，与发达国家的企业差距越大，则对发展中国家的企业完成OEM→ODM→OBM的转换阻碍就越大（瞿宛文，2007）。只有发展中国家的企业持续地做大做强，才可能积累从事产品的研发设计和品牌的营销等方面的资源，进而从单一的代工制造向研发设计转换，最终实现自创品牌。因而，发展中国家必须鼓励和扶持内资企业做大做强，首先在规模生产方面积累组织能力，进而依据自身的规模优势实现最终的产业升级。

第五章

外包与地区差距

第一节 中国的两个"中心—外围"格局

改革开放以来，中国的区域发展战略发生了两次转变：第一次是20世纪80年代开始的东部沿海地区率先发展战略。这一战略的实施，在推动中国经济高速增长的同时，也造成了地区差距的扩大。于是，中央政府在"九五"计划首次提出了"区域协调发展"的构想。1999年，中央正式提出了"西部大开发"战略，此后又相继提出了"振兴东北"和"中部崛起"的战略。这表明中国区域发展战略从"率先发展"到"协调发展"的第二次转变。

事实上，中国区域发展战略的演变及意义应该放在开放经济条件下来审视。在第一次区域发展战略转变的过程中，东部沿海地区出于自身优势，通过承担劳动密集型的外包订单，确立了在全球价值链中最佳代工平台的地位。但是，由于低附加值带来的贸易利得不足和发达国家的压榨，东部地区陷入了低端锁定和贫困化增长的困境，形成了发达国家与东部地区的"中心—外围"格局。与此同时，东部沿海地区在全球价值链中的竞争优势在某种程度上是建立将中西部地区压制在原材料和劳动力等生产要素供应商地位的基础之上，这种分工模式在一定程度上抑制了其发展劳动密集型产业的空间，使其滑入"自然资源诅咒"中，拉大了与东部沿海地区的收入差距。正如胡祖耀等（2005）的研究所指，现在存在着西部地区从东部地区调入高附加值商品，而东部地区从西部地区调入低附加值能源的现象。这样，就在东部地区和中西部地区之间又形成了一个"中心—外围"格局。

在外包组织和治理下的国际分工大格局中，这两个"中心—外围"格局是互相嵌套的，发达国家占有全球价值链的高端，中国东部地区专业化于低附加值的代工环节，而中西部地区则沦为低端要素的供应地，最终形成了"发达国家←→中国东部地区←→中西部地区"的"食物链"。这条"食物链"使得中国目前面临着如下挑战：东部地区利用自身作为"世界加工厂"的"在位优势"攀升到附加值高的环节；中西部地区则利用东部地区腾出的发展空间承接产业转移，发展劳动密集型环节，缩小与东部的地区差距。中国区域发展战略的第二次转变正是基于这样的战略思考。这是因为东部地区在产业升级的过程中，必然会遇到发达国家和发展中国家的双重夹击，此时，就需要发挥大国经济的优势，通过国内市场的规模经济助推产业升级；反过来，东部地区在将产业转移到中西部地区的过程中，可以将自身积累的先进技术、管理经验和市场信息等传递给中西部地区，延长全球价值链在国内的环节，在发展国内外包业务的基础上构建国内价值链，惠及中西部地区的发展，缩小地区差距。

可见，中国在开放经济条件下打破两个"中心—外围"格局本质上是东部地区率先发展和区域协调发展之间良性互动的问题，是国际外包和国内外包之间良性互动的问题，是全球价值链和国内价值链之间良性互动的问题，是对外开放和对内开放之间良性互动的问题，是国外市场一体化和国内市场一体化之间良性互动的问题。那么，在开放条件下如何研究中国不同区域之间依存关系呢？如何将全球、东部与中西部放在一个统一的框架下，来回答中国的产业升级和缩小地区差距的问题呢？本章认为，将外包理论和区域间投入产出模型相结合，是一条被忽视而又有重要价值的研究路径。

本章下面的结构安排如下：第二节基于经济学文献分析了中国对内开放与对外开放的现状与特征；第三节推导了如何基于区域间投入产出表来测度外包，并阐释其经济学含义；第四节是以中国区域间投入产出表为例测度了八大区域国际外包和国内外包的水平，并且进行了初步的统计分析；第五节设定了国际外包和国内外包相互关系的联立方程模型，并对相关变量和样本数据进行了说明；第六节是利用八大区域行业层面的数据对计量模型进行了实证检验和理论分析；第七节是结论与政策含义。附录3为国际外包和国内外包指数的推导过程；附录4为中国八大区域国际外包和国内外包指数的测算结果和比较。

第二节　中国对内开放与对外开放的现状与特征

本章在此处将基于现有的理论和实证文献从地区专业化、产业同构、国内不同区域间相互关系和国外与国内市场相互关系四个角度对中国对内开放与对外开放的现状与特征进行梳理和评估。

一、地区专业化

经济活动在不同地区之间的空间分布不均会带来地区间贸易。正是由于这个原因，对地区专业化的研究产生了大量文献。在地区专业化的测度方面，应用较多的有胡佛地方化系数（Hoover，1936）、γ系数（Ellison and Glaeser，1999）和空间基尼系数（Amiti and Wen，2001）。文玫（2004）利用中国第二、三次工业普查的数据，采用空间基尼系数考查了工业在区域上的集中程度。研究表明：自改革以来，中国制造业在地理分布上变得更为集中，并且至1995年，许多制造业高度集中在沿海的几个省份。罗勇和曹丽莉（2005）年采用γ系数测度了中国20个制造行业的集聚程度，发现 1993～1997 年集聚程度有所下降，1997～2002～2003 年集聚程度呈增长趋势，并且集聚程度在地域分布上极不平衡，江苏、广东、山东、浙江和上海五省市集中度很高，而西部地区则远远落后。樊福卓（2007）在考虑了地区（或行业）的相对规模因素后，构造了更具一般性的地区专业化系数。通过对 1985～2004 年数据的检验，发现中国工业的地区专业化水平在样本期内有较大程度的提高。

对于地区专业化现象的解释，经济学家主要是从要素禀赋差异（Ohlin，1933）、规模报酬递增（Krugman，1991）和经济外部性（Marshall，1920）等方面展开理论阐释。从计量角度来看，也产生了大量的文献。国内学界利用中国的案例和数据对地区专业化的实证研究主要从两条路径展开：第一，为地区专业化的经典理论提供来自中国的经验事实。新经济地理学认为，地理位置和历史因素是集聚的起始条件，而规模报酬递增和正反馈效应则导致集聚的自我强化。陆铭和陈钊（2006）通过对 1987～2001 年省际面板数据的研究，发现导致中国地理工业集聚的因素可以为新经济地理学提供证据。文玫（2004）的研究也得出了类似的结论。第二，检验关于中国的"情景变量"对地区专业化的影响。白等（Bai et al.，2004）构建了中国 1985～1997 年 29 个省 32 个行业的数据集，实证检验发现利税率和国有化程度较高的产业，地方保护更趋严重，产业的地区集中度也相应较低。此外，学界还从中国的劳动力流动成本（林理升和王晔倩，2006）和对外开放政策（陆铭和陈钊，2006）等方面进行了解释。

二、产业同构

产业同构是指不同区域产业结构的相似或趋同的状态，可以理解为地区专业化的镜像。如果地区之间产业结构趋同，则意味着地区之间缺乏分工协作，存在重复建设和市场分割的问题。对于中国产业同构的问题，陈建军（2004）计算了上海、浙江和江苏等三省市 1988～2002 年工业部门的结构相似系数，认为长三角地区在产业经济层面上的一个鲜明特征是产业同构。蒋金荷（2005）利用产业分工指数，检测了中国东、中、西部以及 11 个省/市高科技产业的结构差异性，分析结果表明，从 1995～2002 年总体上中国高科技产业的同构性在减弱。路江涌和陶志刚（2005）构造了一个衡量某一大区域内各小区域行业同构程度的系数，利用该指数发现从 1998～2003 年，在中国大多数省份的行业专业化程度增强的同时，各省份内部市级区域之间和县级区域之间的行业同构程度却呈上升趋势。黄赜琳（2007）测度了中国八大区域 1997～2006 年的产业结构差异程度，发现各区域产业结构没有出现趋同现象，区域贸易壁垒在降低。

对于中国地区之间产业同构的解释：第一，地方保护主义。中国式的分权改革在给地方政府和企业带来激励的同时，也导致了地方保护主义的兴起。杨（Young，2000）发现中国各地的 GDP 结构和制造业的产出结构存在趋同的趋势，而造成这种区域经济分割的原因是地方政府为了维护既得利益，在地区之间设置了巨大的贸易壁垒，地区比较优势没有被发挥。胡向婷和张璐（2005）通过在一个厂商投资行为模型中引入地方政府行为变量，发现贸易成本的增加会促使地区间产业结构趋同。随后，利用 1996～2002 年的分省数据的实证研究也表明政府设置贸易壁垒增加了地区间贸易成本，造成产业同构。第二，分工收益。陆铭和陈钊（2006）在一个跨期分工决策模型中，考察了收益递增条件下重复建设和区域分割的产生原因。该模型的推演表明由于发达地区与落后地区相比在高科技产业拥有比较优势，且有较快的技术进步速度，从而在区际分工收益中占有较大份额。相反，落后地区通过牺牲当期分工的收益选择暂时不加入分工体系，却可以提高自己在未来分配分工收益的谈判中的地位。第三，发展战略。计划经济时期形成的重工业优先发展的赶超战略，在分权式改革进程中，使得违反地方比较优势的产业和企业缺乏自生能力。而这些产业和企业在改革开放后又面临着就业和税收等方面的社会性负担，这样，地方政府分割市场的行为就被内生了（林毅夫和刘培林，2004）。

三、国内不同区域间相互关系

学界对中国改革开放以来不同区域之间的技术经济关联的探究主要可分为两种思路：第一，基于投入产出模型的研究。陈家海（1996）利用中国 25 个省份 1987 年的投入产出表考察了一个省对其他省份的"贸易依存度"。从"流出"方面看，25 个省的合计流出额对 GDP 的比重高达51.4%，如果扣除向国外的出口合计数所占的比重 9.9%，省际贸易的依存度仍高达 41.5%。这表明，在 80 年代下半期，中国各省对省际贸易有着非常高的依赖程度。诺顿（Naughton，1999）基于 1987 年和 1992 年中国的省级投入产出表，发现从 1987～1992 年省际工业品的贸易流量有所增长，特别是制造业内部各行业间的贸易占据主导地位。利用 1997 年中国区域间投入产出表，国家信息中心（2005）的计算表明，从区域产业影响力系数来看，南部沿海（广东、福建和海南）和京津区域分别作为中国经济增长速度最快和收入水平最高的区域，却是对国内市场带动影响最小的两个区域；从区域产业感应度系数来看，东部沿海（江苏、上海和浙江）的总体产业需求程度在八大区域中排第三，而南部沿海仅排名第六，京津区域排名末位。潘文卿和李子奈（2007）利用 2000 年中国区域间投入产出表的实证分析表明，沿海地区经济发展对内陆地区的溢出效应并不明显，甚至还不及内陆地区对沿海地区的溢出效应。

第二，非投入产出模型的研究。布轮等（Brun et al.，2002）通过1981～1998 年的面板数据分析了沿海地区与内陆地区间的溢出效应，发现在短期内，沿海和内陆间的溢出效应不足以减少区域间的不平等。许（Xu，2002）在一个误差构成模型中，将每个省份的部门实际经济增长分解为国家宏观影响、部门自身生产率的影响和本省份对该部门的影响三部分。对 1991～1998 年数据的分析表明，在短期内各省份的影响可以解释35% 的省际真实产出的变动，但长期内部门特定的影响将成为主要的因素。这就意味着中国区域一体化尽管还不充分，但正朝着有利的方向发展。陆铭和陈钊（2006）收集了 1985~2001 年全国 28 个省份 9 类商品的零售价格指数，采用一个基于"冰川"成本模型的价格法的研究发现，国内商品市场的整合程度在调整中逐步提高，但是东、中和西三大地区的市场整合程度不同，东部与中西部之间有显著的差异，而中部和西部之间的差异不显著。

四、国外与国内市场相互关系

本章在这里，还是依据投入产出模型为标准，将相关研究分为两条线索。第一，基于投入产出模型的研究。张亚雄和赵坤（2006）利用 5 个经济体（中国、日本、亚洲新兴工业化国家、东盟和美国）1985 年、1990 年和 1995 年 21 部门的国家间投入产出表计算了中国的国内和国家间产业关联效应。结果表明，在 1985~1995 年，中国的国内产业关联效应有所下降，而国家间的产业关联效应却逐步加强。潘文卿（2005）利用中国与美国、日本和韩国等 9 个国家和地区的"亚洲国际投入产出表 1995"，测度了中国与其联系最为紧密的 9 个国家和地区的区域内乘数效应、区域间溢出效应和反馈效应，发现尽管中国经济表现出较大的区内影响与区外联系能力，但是 9 个国家和地区总产出的增加更多地依赖于自身区域内的乘数效应，而它们对中国的外溢效应却大得多。这充分说明中国经济相对来说受到更大的外界影响，表现出外向型经济的倾向。刘遵义等（2007）通过构建一种反映中国加工贸易特点的非竞争（进口）型投入占用产出模型，发现 2002 年中国对美国 1 000 美元的出口可以带来完全国内增加值为 368 美元；同时，2002 年美国对中国 1 000 美元的出口可以带来完全国内增加值为 868 美元。2002 年中国对美国出口对中国国内就业的拉动虽是美国对中国出口对美国国内就业拉动的 17 倍之多，但由于中国出口的主要是劳动密集型产品，且加工贸易比重很大，导致出口所产生的效应远小于出口总额。

第二，非投入产出模型的研究。庞塞特（Poncet，2003）利用边界效应模型的研究表明，经济全球化会促使地方政府实行市场分割政策，此时国际贸易活动的扩大就可能"挤出"国内省际间贸易。1987～1997年，中国各省国内贸易在不断减少，而国际贸易却在不断增长。朱希伟等（2005）通过将国内市场分割和边际成本与固定成本之间的反向关系引入模型，解释了中国出口贸易的强劲增长其实是严重的国内市场分割导致企业无法依托国内需求、发挥规模经济而被迫出口的现象。而这种以出口为基础的开放经济分离均衡可能使中国企业被长期"锁定"于OEM的贸易方式。黄玖立和李坤望（2006）利用中国1970～2000年的省级面板数据的实证表明，地区市场规模和出口开放程度是影响中国各省经济增长收敛的重要因素，而在中国地区差距形成的过程中，国外和地区市场是相互替代的。陈敏等（2007）首先利用商品零售价格指数数据构造出度量地区间市场分割程度的指标，随后，利用1985～2001年的省级面板数据分析了经济开放等变量对市场分割程度的影响。研究发现，在经济开放水平较低时，经济开放加剧了国内市场的分割，但进一步的经济开放能够促进国内市场一体化。基于模型的预测表明，未来在一些省份国内商品市场分割有加剧的可能性。

　　既有文献对中国不同地区在开放条件下的产业结构变化的原因、调整及影响作了大量的研究，虽然还存在着一些争议，但是通过上面的综述至少可以发现，改革开放以来中国对内开放与对外开放存在的三大特征：第一，中国的地区专业化程度在增强，产业同构程度在减弱，但地区专业化程度与国外相比仍然落后。国内市场虽趋于整合，但是市场分割问题依然存在。第二，产业结构的变化和加入国外市场的行为主要发生在东部沿海地区，并且存在着东部地区与中西部地区之间在经济技术联系上的割裂，由此造成了地区差距的拉大。第三，存在着对内开放和对外开放的不对称现象，国内市场一体化水平滞后于国外市场一体化水平，国内市场和国外市场更多地体现为替代而不是互补关系，经济发展的外向型倾向比较明显。

　　不过，本章也发现现有文献可以从以下四个方面来进行修正和完善：

第一，从理论层面来说，地区专业化可以增进贸易活动的收益。但是，在实践中，考虑到中国大国经济的特征，集聚于东部沿海地区的经济活动其贸易活动的方向却有两种可能：国外和中西部地区。如果集聚于东部沿海地区的经济活动更多的只是与国外从事贸易活动，则中国的地区专业化只会导致对外开放甚于对内开放。范剑勇（2004）通过对中国 1980 和 2001 年地区专业化和产业集中率的变化情况的研究，指出中国国内市场一体化水平较低，并且滞后于对外的市场一体化水平。因此，主要发生在东部地区的地区专业化并不必然意味着东部与中西部之间的分工和贸易，也谈不上国内不同区域之间的贸易利益分享。更重要的是，通过产业集聚而在东部地区形成的地区专业化是在国际分工新格局的背景下发生的，而东部地区在这种由外包协调和治理的国际分工新格局中，只是承担低附加值的加工组装环节，其全球贸易利得是很有限的。考虑到向全球价值链高端攀升的困境，东部地区地区专业化的贸易利得从长期来看并不乐观。

第二，相关实证研究表明，地区间产业结构相似度与地区划分和行业划分的方法密切相关。地区划分越详尽，行业划分越细，地区之间产业结构的相似度就越低，越能反映地区之间的差异；反之，则反是。当然，本章此处并不想讨论这些指标本身设计的优劣问题。但是，一个不能回避的现象是 20 世纪后半期，全球化的主导者跨国公司，将附加值低的产品生产工序外包给他国，或到他国投资设厂进行生产，自己只保留产品的研发、设计和营销等附加值高的工序。这种生产模式使国际分工深化到产品内部的同时，也带来了国际贸易格局的变化。而中国东部地区就是适应国际分工的新格局，通过切入全球价值链承担其劳动密集型的外包订单，成为全球最具竞争力的代工基地。由此可见，在分工深化到产品内部的情况下，即使两个地区之间的产业完全同构，也可能存在着同一产业内部产品不同环节的分工。考虑到基于外包的产品内分工模式已经从制造领域扩展到服务领域，成为国际生产活动的主流，地区专业化和产业同构的研究角度就需要重新审视。

第三，中国自 1978 年经济增长的两个引擎是改革和开放，也就是以开放促改革，以改革迎开放。因此，当考察国内不同区域之间在经济发展过程中的相互影响和依存关系时，一个不能忽视的变量就是全球化，也就是 FDI、外包和国际贸易等全球化维度对不同区域的影响。对此，博伦斯廷等（Borensztein et al.，1998）指出，只有当东道国（或地区）的经济发展水平跨过一定的"门槛"水平，才能有效地利用 FDI 的技术外溢效应。考虑到沿海和内陆在基础设施、人力资本、行业绩效和收入水平等方面发展水平的差异，FDI 的技术外溢在不同区域之间可能就存在着"门槛效应"。何洁的研究（2000）也证明了 FDI 技术外溢的"门槛效应"在中国不同地区的存在。傅（Fu，2004）发现中国沿海地区 FDI 驱动的、劳动密集型的、加工贸易型的出口吸引了来自内陆地区的生产要素，但是这种沿海的出口模式对内陆的增长溢出是很有限的，反而会拉大地区差距。可见，要梳理清楚中国东部地区和中西部地区之间的相关关系，就不能回避全球化的影响，而应该将中国区域之间的协调发展置于开放经济的背景下去考察。

第四，在研究国外与国内市场之间的相互关系时，一个隐含性的假定是国内不同区域之间是同质的，至多考虑开放对国内不同地区和市场整合的影响。这一假定在小国开放经济模型中是可行的。但是，中国作为第三次国际产业转移的主要承接地，与以前的主要承接地日本和东亚"四小龙"，最大的区别就是存在广阔的内陆腹地和多样的市场环境。所以，对于中国这样一个发展中的转轨大国，考虑到区域间在自然条件、要素禀赋、经济发展和社会文化等方面千差万别，就既不能用各区域都不进入国际市场的方式，也不能用东中西部地区"齐头并进"的方式，现实的选择只能是区域优先的渐进式开放。这样，基于东部和中西部在地理位置、资源禀赋、基础设施和政策优惠等方面的差异形成的大国经济在开放的过程中，就必然伴随着特定区域率先发展开放带来的地区差距问题，以及如何在开放条件下实现区域协调发展的问题。因此，放宽假定视中国为一个零碎性和异质性的大国，分析其不同区域在开放条件下的互动关系，就是一条有价值的研究思路。

可见，试图打破中国在开放经济条件下所形成的两个"中心—外围"格局的困境，完成产业升级和区域协调发展的双重任务，就必须从新的理论视角和新的实证工具入手，将全球化、东部与中西部放在一个统一的框架下进行研究。本章下面，将以外包理论为基点，通过区域间投入产出模型和联立方程模型的结合，力图为中国摆脱低端锁定和缩小地区差距提供新的思路和洞见。

第三节　国际外包与国内外包的测度方法

随着中国地区差距在改革开放进程中的扩大，利用区域经济学分析区域经济发展的相互影响和依存关系，越来越受到学界的重视。而区域间投入产出模型则是区域经济实证分析的重要工具。区域间投入产出表作为建立在各区域投入产出模型基础上的跨区域的投入产出联接模型，不仅可以反映产业之间的投入产出关系，而且也可以反映区域之间的投入产出关系。而区域间投入产出模型所特有的"区域—产业"二维特征，更可以从产业视角比较不同区域之间的直接和间接技术经济联系，从区域视角比较不同产业之间的直接和间接技术经济联系。因此，本章此处将利用区域间投入产出表来分析中国在开放条件下不同区域之间在产业层面的相互影响和依存关系。

中国目前已经公布的全国性区域间投入产出表有两张：一张是1987年7个地区9个部门的地区间投入产出表（市村真一和王慧炯，2007），另一张是1997年8大区域30个部门的区域间投入产出表（国家信息中心，2005）。本章将采用1997年中国区域间投入产出表来进行分析。原因如下：第一，由于本章主要是利用投入产出表测度外包水平，而外包表示的是生产垂直分割的程度。而在1987年，中国主要是由珠三角通过加工贸易的方式来承接外包订单，外包的生产模式只是在90年代才扩展到整个东部沿海地区。国内外包的发展水平就更低。因此，1987 年中国地区间投入产出表所反映的技术经济联系与外包的生产模式之间的相关性是很低的。第二，1987 年和 1997 年两张投入产出表在区域划分上存在出入，行业分类上存在差异，这就给比较分析提供了难度。正是基于上面的两个原因，本章放弃了对 1987 年中国地区间投入产出模型的分析。

从 1997 年中国区域间投入产出表第 I 象限来看，中间投入是国内各区域之间互相提供的。GTAP 的投入产出表计算的说明中可以证实 1997 年全国投入产出表是考虑了进口中间投入的，而 1997 年中国区域间投入产出表各区域相应产业的合计与 1997 年全国投入产出表是保持一致的（国家信息中心，2005）。所以，本章可以判定国内各区域之间互相提供的中间投入是包括国外进口的部分。这样，本章就可以用附录 3 中推导的方法计算各区域的国际外包指数。

由于计算国内外包指数需要区域之间的（国内的）调入调出数据，而 1997 年中国区域间投入产出表没有直接提供该项数据。由于区域间投入产出表具有"区域—产业"二维特征，可以同时反映产业之间和区域之间投入产出的关系，因此，对于 1997 年区域间投入产出表来说，1997 年八大区域投入产出表和 1997 年中国投入产出表皆可由其推导出来。基于 1997 年区域间投入产出表推导出来的 1997 年八大区域投入产出表既有该区域对世界的进出口数据，也有该地区对国内其他区域的调入调出数据。这样，本章就可以依据推导出的 1997 年八大区域投入产出表中的调入调出数据，利用附录 3 中推导的方法计算各个区域的国内外包指数。

对于基于区域间投入产出表推导出来的区域投入产出表来说，可以计算出两个国内外包指数：第一，依据附录 3 中的方法，计算出的国内外包指数是不包括本区域中间投入的国内外包指数，将其称之为区域间外包指数。第二，1 减去国际外包的比例和区域间外包的比例之和，得到本区域的中间投入的比例，再依据该比例计算出的国内外包指数是只包括本区域中间投入的国内外包指数，将其称之为区域内外包指数。这样，国际外包指数的经济含义为本区域的出口和调出总额中包含的国外进口中间投入所占的比重，区域间外包指数的经济含义为本区域的出口和调出总额中包含的来自本国其他区域的中间投入所占的比重，区域内外包指数的经济含义为本区域的出口和调出总额中包含的来自本区域中间投入所占的比重。

第四节　中国各区域的国际外包与国内外包水平

1997 年中国区域间投入产出表充分考虑各地区在地理位置、自然资源、社会文化、经济发展水平和区域间经济联系等方面的因素的同时，以东、中、西部三大地带为基础将全国划分为八大区域①。为了分析的需要，进一步将八大区域分为两大类：东部地区，包括京津区域、北部沿海区域、东部沿海区域和南部沿海区域；中西部地区，包括东北区域、中部区域、西北区域和西南区域。

表 5 - 1 反映了 1997 年中国八大区域的基本状况②。从面积来看，西北区域最大，占全国面积的 51.02%，而东部地区只占全国面积的10.97%。从人口来看，中部区域最多，而京津区域最少。从经济总量来看，中部区域和东部沿海区域最大，分别占全国 GDP 总额的 21.32% 和19.09%。但是，从人均 GDP 来看，排在前三位的依次是京津区域、东部沿海区域和南部沿海区域，都属于东部地区，这说明东部地区的发达程度和生活水平高于中西部地区。与经济总量一样，东部沿海区域和中部区域工业产出占全国的比重依然排在前两位。而从进出口来看，南部沿海区域

---

①　1997 年中国区域间投入产出表的八个区域为：东北区域（黑龙江、吉林和辽宁），京津区域（北京和天津）；北部沿海区域（河北和山东）；东部沿海区域（江苏、上海和浙江）；南部沿海区域（福建、广东和海南）；中部区域（山西、河南、安徽、湖北、湖南和江西）；西北区域（内蒙古、陕西、宁夏、甘肃、青海和新疆）；西南区域（四川、重庆、广西、云南、贵州和西藏）。

②　由于 1997 年中国区域间投入产出表在编制的过程中，西南区域的投入产出结构没有包括西藏，因此本章在涉及的关于西南区域的所有指标和变量的计算中，均剔除了西藏；而在涉及的关于全国加总的指标和变量的计算中，也剔除了西藏。

对外贸易占全国百分比则高达46.22%，几乎占了全国对外贸易的半壁江山，这说明该区域的对外开放程度远远地走在其他区域的前面。

表 5-1　　　　　　　　1997 年八大区域基本状况

区域	面积占全国百分比（%）	人口占全国百分比（%）	GDP 占全国百分比（%）	人均 GDP（元/人）	工业产出占全国百分比（%）	外贸占全国百分比（%）
东北区域	9.41	8.62	9.94	7 270	10.65	5.92
京津区域	0.34	1.80	3.97	13 910	3.70	12.53
北部沿海	4.09	12.54	13.79	6 926	14.34	6.67
东部沿海	2.51	10.68	19.09	11 257	21.68	20.83
南部沿海	4.02	9.07	13.95	9 684	13.78	46.22
中部区域	12.24	28.67	21.32	4 683	20.74	3.71
西北区域	51.02	9.12	6.07	4 190	4.91	1.47
西南区域	16.37	19.50	11.87	3 832	10.20	2.66

资料来源：《中国统计年鉴》和《中国区域经济统计年鉴》。

附录4中的附表4-1~附表4-3是依据本章第三部分的方法测算的1997年中国八大区域的国际外包指数、区域间外包指数和区域内外包指数。现在，本章依据相关结果进行初步的分析。

一、分行业的角度

从附表4-1看，1997年中国八大区域国际外包指数位于前七位的14个行业的分布具有如下特征：第一，这些行业主要属于资本品行业和自然资源密集的行业；第二，出现频率最高的三个行业依次是：仪器仪表及文化办公用机械制造业（8次）、电子及通信设备制造业（7次）和机械工业（6次）。这表明，不管是对于东部地区，还是中西部地区，它们都是从国外进口原材料、半成品和资本品，再发挥国内廉价劳动力的优势，进行加工组装后出口，从而成为了国际外包组织和治理下的制造基地。此外，出现频率最高的三个行业都是资本品行业，这一方面反映了中国装备工业落后的现状，另一方面也反映了国际外包的主导者通过从上游控制中国的代工企业，使其陷入生产者驱动型和购买者驱动型价值链协同封锁的困境。

从附表4-2来看，1997年东部地区区域间外包指数位于前七位的行业共有20次（煤炭采选业、纺织业、木材加工及家具制造业、石油加工及炼焦业、化学工业、金属冶炼及压延加工业、金属制品业、煤气生产和供应业与自来水的生产和供应业）属于资源密集型行业，占总次数（4个区域×7个行业）的71.43%；而中西部地区区域间外包指数位于前七位的行业只有12次属于资源密集型行业，占总次数的42.86%。这说明，东部地区对中西部的产业关联效应更多地体现为将中西部地区压制在基于自然资源的原材料和半成品等低端供应商的地位。对于资本品行业来说，率先加入国际外包体系的东部地区区域间外包指数位于前七位的行业只有4次（交通运输设备制造业、电气机械及器材制造业、电子及通信设备制造业和仪器仪表及文化办公用机械制造业），占总次数的14.29%；中西部地区区域间外包指数位于前七位的行业也只有12次，占总次数的42.86%。因此本章在此推测，加入国际外包体系的程度越深，对国内资本品行业的关联效应就越小。而资本品行业恰恰是技术水平较高、产业关联效应较大的行业。从八大区域整体来看，资本品位于区域间外包指数前七位的行业共有16次，占总次数的28.57%。这也从另一个角度印证了本章在上一段关于国际外包的主导者通过从上游控制中国，造成对于国外资本品的进口依赖的论断。

从附表4-3来看，1997年中国八大区域区域内外包指数位于前七位的出现频率最高的三个行业依次是：食品制造及烟草加工业（7次）、建筑业（7次）与煤气生产和供应业（6次）。考虑到这三个行业具有基本生活必需品和重要利税来源的特征，其对本地较高的关联程度也就不难理解。中西部地区区域内外包指数位于前七位的行业共有15次（纺织业、木材加工及家具制造业、石油加工及炼焦业、非金属矿物制品业、金属冶炼及压延加工业、金属制品业与煤气生产和供应业)属于资源密集型行业,占总次数的53.57%,说明中西部地区对本地关联程度较大的主要是资源密集型行业,这也从反面加强了本章关于东部地区将中西部地区压制在原材料和半成品等低端供应商地位的论断;对于资本品行业来说,八大区域内外包指数位于前七位的行业只有6次(机械工业、交通运输设备制造业和电气机械及器材制造业),占总次数的10.71%。这说明资本品行业不仅对国内其他区域缺乏关联效应,对本区域也缺乏关联效应。进一步印证了本章国际外包的主导者通过从上游控制中国,造成对于国外资本品的进口依赖的论断。

二、均值和标准差的角度

从附表4-1来看,30个行业切入国际外包体系平均程度最高的是南部沿海区域,达到0.1974;最低的是西南区域,只有0.0134。而切入国际外包体系平均程度排在前3位的依次是:南部沿海区域、京津区域和东部沿海区域,都属于东部地区。这表明东部地区切入国际外包体系的程度高于中西部地区,与东部地区率先开放的经验事实是一致的。

从附表4-2来看,30个行业切入区域间外包体系平均程度最高的是南部沿海区域,达到0.1260;最低的是东北区域,只有0.0647。而切入区域间外包体系平均程度排在前3位的依次是:南部沿海区域、西北区域和东部沿海区域。从附表4-3来看,30个行业切入区域内外包指数平均程度最高的是东北区域,达到0.5156;最低的是南部沿海区域,只有0.2913。而切入区域内外包体系平均程度排在前3位的依次是:东北区域、西南区域和北部沿海区域。两相比较,排在区域间外包指数第一位的南部沿海区域,其区域内外包指数却排在最后一位;排在区域间外包指数第二位的西北区域,其区域内外包指数却排在第六位。排在区域内外包指数第一位的东北区域,其区域间外包指数却排在最后一位;排在区域内外包指数第二位的西南区域，其区域间外包指数却排在第六位。这说明区域间外包体系与区域内外包体系之间存在割裂。

现在，再来比较一下国际外包指数与国内外包指数之间的排位状况。排在国际外包指数第一位的南部沿海区域，其区域间外包指数尽管也排在第一位，但是其区域内外包指数却排在最后一位；排在国际外包指数第二位的京津区域，其区域间外包指数和区域内外包指数均排在第七位。排在区域间外包指数第一位的南部沿海区域，其国际外包指数尽管排在第一位；但是排在区域间外包指数第二位的西北区域，其国际外包指数只排在第四位。排在区域内外包指数第一位的东北区域，其国际外包指数只排在第五位；排在区域内外包指数第二位的西南区域，其国际外包指数只排在第八位。这说明国际外包体系与国内外包体系之间也存在割裂。

在附表 4 - 1 中，八大区域标准差/均值最大的为西北区域，达到 2.0160；最小的为北部沿海区域，只有 0.8959。而标准差/均值排在前 4 位的区域都属于中西部地区。这说明中西部地区各个行业切入国际外包体系的差异程度比东部地区更大。本章推测是因为东部地区率先开放导致各行业的对外关联程度都较高，而随后开放的中西部地区的各行业则不具普遍和全面的对外关联效应。

从附表 4 - 2 来看，八大区域标准差/均值最大的为南部沿海区域，达到 0.8667；最小的为西南区域，为 0.5365。而东部地区的四个区域分别排在第一位（南部沿海区域）、第二位（东部沿海区域）、第四位（北部沿海区域）和第五位（京津区域）。这说明从整体上看，东部地区各个行业切入区域间外包体系的差异程度大于中西部地区，即东部对中西部各行业的关联程度没有中西部对东部各行业的关联程度大。本章认为这是因为东部将中西部压制在原材料和半成品等低端供应商地位导致的只对相关行业产生较大关联效应导致的结果。

在附表 4 - 3 中，八大区域标准差/均值最大的为南部沿海区域，达到 0.8881；最小的为西南区域，只有 0.1722。而标准差/均值排在前 3 位的区域依次是：南部沿海区域、京津区域和东部沿海区域，都属于东部地区。这说明东部地区各个行业切入区域内外包体系的差异程度大于中西部地区。

三、全部行业的角度

在附表4－1中，基于公式（附3－4）和公式（附3－5）最大的国际外包指数均是南部沿海区域，分别达到0.2342和0.2957。而基于公式（附3－4）和公式（附3－5）的国际外包指数排在前3位的依次是：南部沿海区域、京津区域和东部沿海区域，都属于东部地区。这说明从全部行业来看，东部地区切入全球价值链的程度高于中西部地区。这与本章在上面基于均值得出的结论是一致的。

从附表4－2来看，基于公式（附3－4）的区域间外包指数排在前3位的依次是：南部沿海区域、东部沿海区域和西北区域，基于公式（附3－5）的区域间外包指数排在前3位的依次是：东部沿海区域、中部区域和北部沿海区域。而基于公式（附3－4）和公式（附3－5）的区域间外包指数排在最后两位的皆是西南区域和东北区域，说明这两个区域与国内其他区域之间直接和间接的技术经济联系最小。

在附表4－3中，基于公式（附3－4）的区域内外包指数排在前3位的依次是：西南区域、中部区域和北部沿海区域，基于公式（附3－5）的区域内外包指数排在前3位的依次是：东北区域、北部沿海区域和中部区域。而不管是基于公式（附3－4）还是公式（附3－5）的京津区域和南部沿海区域的区域内外包指数排位皆是很低，这说明东部地区对本区域自身的直接和间接的技术经济联系小于中西部地区。

四、进一步的比较

在附表4－4中，公式（附3－4）的国际外包指数/公式（附3－4）的区域间外包指数，公式（附3－5）的国际外包指数/公式（附3－5）

的区域间外包指数排在前3位的依次是：京津区域、南部沿海区域和东部沿海区域，都属于东部地区；公式（附3-4）的国际外包指数/公式（附3-4）的区域内外包指数，公式（附3-5）的国际外包指数/公式（附3-5）的区域内外包指数排在前3位的依次是：南部沿海区域、京津区域和东部沿海区域，也都属于东部地区。这说明与中西部地区相比，东部地区直接和间接的技术经济联系的"外向型"特征明显。

公式（附3-4）的区域间外包指数/公式（附3-4）的区域内外包指数排在前3位的依次是：南部沿海区域、东部沿海区域和西北区域，公式（附3-5）的区域间外包指数/公式（附3-5）的区域内外包指数排在前3位的依次是：南部沿海区域、西北区域和东部沿海区域。而公式（附3-4）的区域间外包指数/公式（附3-4）的区域内外包指数和公式（附3-5）的区域间外包指数/公式（附3-5）的区域内外包指数排在最后两位的皆是西南区域和东北区域，说明从整体上看东部地区与中西部地区相比，更倾向于同其他区域而不是本区域发生直接和间接的技术经济联系。这可能是因为东部地区作为国际外包体系中的代工制造平台，带动和消耗中西部地区低端要素造成的结果。

公式（附3-5）的国际外包指数/公式（附3-4）的国际外包指数排在前3位的依次是：东北区域、北部沿海区域和西南区域，而京津区域和南部沿海区域只是排在第七和第八位。公式（附3-5）的区域间外包指数/公式（附3-4）的区域间外包指数排在前3位的依次是：东北区域、北部沿海区域和西南区域，而京津区域和南部沿海区域只是排在第六和第八位。公式（附3-5）的区域内外包指数/公式（附3-4）的区域内外包指数排在前3位的依次是：东北区域、北部沿海区域和东部沿海区域，而京津区域和南部沿海区域只是排在第六和第八位。这说明不管是对于来自国外的中间投入、其他区域的中间投入，还是本区域的中间投入，其在最终输出（出口和调出总额）本区域之前，东部地区在本区域内国民经济各行业之间间接的循环累积因果效应从整体上看小于中西部地区。

通过上面四部分的统计分析，初步有如下主要的结论：东部和中西部地区皆在国际外包体系中处于低附加值的分工环节，且对国外的资本品依赖程度更深；东部地区对中西部的产业关联效应更多地体现为将其压制在基于自然资源的原材料和半成品等低端供应商的地位；率先开放的东部地区切入国际外包体系的程度高于中西部地区；国际外包体系与国内外包体系之间存在割裂、区域间外包体系与区域内外包体系之间也存在割裂的现象；与中西部地区相比，东部地区直接和间接的技术经济联系的"外向型"特征明显；东部地区在本区域内国民经济各行业之间间接的循环累积因果效应小于中西部地区。与既有文献的发现相比，本章的创新之处是将全球化、东部和中西部三者之间的关系基于外包理论联系起来，认为东部地区产业升级的困境和中西部地区增长位势的落差与全球化之间存在着一条分工暗道。而这条分工暗道本质上是以外包为组织方式和治理机制的全球化在中国对外开放过程中，对国内不同区域进行分工定位和职能协调，最终形成两个"中心—外围"格局的基础。

　　为了进一步厘定和挖掘全球化、东部和中西部三者之间的关系，本章下面将在此处统计分析的基础上，通过建立一个联立方程模型来做进一步的分析。

第五节　计量模型和理论含义

一、计量模型

　　本章在前面的部分以外包理论为纽带，将全球化、东部地区和中西部地区放在一个统一的框架下，从统计角度初步探讨了三者之间的关系。

　　产业升级需要国内外包体系。东部地区若向国际外包体系的高端环节攀升，就从国际外包体系主导性企业的协作联盟变为竞争对手，势必会遭到国际外包体系主导性企业的各种封锁和压制。而中西部地区承接东部地区低附加值的环节，也会面临着其他发展中国家的激烈竞争。若不能处理好同时来自国际外包体系高端和低端的双重夹击，东部地区不仅产业升级无望，其作为全球最大代工平台的地位也可能失去；而中西部地区也只能继续作为低端要素的供应商时刻面对着"自然资源诅咒"，地区差距的缩小也无从谈起。本章认为，构建和发展国内外包体系，将竞争模式从环节对链条转变为链条对链条，是中国摆脱双重夹击的可行路径。具体理由如下：国内外包体系的构建和发展是以国内市场为主，而由于文化的认同、血脉的相联和环境的熟悉等因素，中国的本土企业与外资企业相比，更可能把握本土市场的动脉，研发本土市场所需要的新产品，进而培育自己的品牌；中国的国内市场不仅规模大，成长速度快，而且不同地区市场的高异质性为形成差别化的竞争优势提供了充足的空间；东部地区在增长位置上的"先发优势"客观上形成了与中西部地区之间的产业转移梯度，丰富了国内经济体的产业生态，为通过国内外包体系加强国内不同区域之间的产业关联效应和技术经济联系提供了基础。可见，构建和发展国内外包体系以实现不同区域之间的协同互动，进而发挥大国优势以整体参与全球竞争，是一条实现产业升级值得践行的路径。基于上述推理，设定回归方程：

$$inos_{ip} = \alpha_0 + \alpha_1 iros_{ip} + \alpha_2 iaos_{ip} + \alpha_3 ie_{ip} + \alpha_4 ms_p + \alpha_5 klr_{ip} + \alpha_6 rdv_p + \varepsilon_{ip}$$

$$(5-1)$$

区域协调发展需要国际外包体系。国际外包体系作为组织和治理当今国际经济活动的方式，因其可以更好地利用世界范围内的资源禀赋优势和发挥同一产品不同环节的规模经济，从而成为国际技术前沿在分工领域的新的表现形式。中国作为发展中国家，要实现可持续的经济增长，就必须能够以低廉的成本获得技术进步。那么，通过承担自身具有比较优势的国际分工环节来对接国际外包体系，进而模仿、学习和分享国际技术外溢，与自身技术投资相比无疑是成本较低廉的升级路径。而考虑到中国作为发展中的转轨大国，不同区域之间在地理环境、资源禀赋、经济结构和社会文化等方面千差万别，不可能同时同步切入国际外包体系，而现实的选择也是东部地区率先对接国际外包体系。需要指出的是，东部地区通过率先对接国际外包体系实现技术进步和本区域优先发展的同时，更应该尽快向国际外包体系中研发和营销等高附加值的环节攀升，将劳动密集型的加工组装环节腾给中西部地区，延长国际外包体系在国内的环节和链条；同时将自身学习和分享到的国际先进技术传递到中西部地区，从而实现区域经济的协调发展。根据上述分析，设定了方程（5-2）：

$$iros_{ip} = \beta_0 + \beta_1 inos_{ip} + \beta_2 iaos_{ip} + \beta_3 ie_{ip} + \beta_4 ms_p + \beta_5 gd_p + \beta_6 tg_{ip} + \mu_{ip}$$

$$(5-2)$$

区域协调发展需要微观基础，即区域间外包体系与区域内外包体系之间的互动关系。对于中国这样的大国来说，区域之间的分工协作要求国民经济的各个行业依据不同地区的比较优势进行布局，在此基础上国民经济各个行业之间形成的产业关联和技术经济联系，就可以为区域之间的协调发展提供微观基础和驱动力量。且国民经济体系越是完善、产业部门越是齐全，区域之间的分工空间就越大、经济联系就越强，进而越有可能实现区域之间的良性互动和协调发展。事实上，中国在1978年之前就基本形成了门类齐全的国民经济体系，遗憾的是门类齐全的国民经济体系并不是区域协调发展的充分条件。这也是中国对外开放的初衷所在，即通过东部地区的率先开放实施区域优先发展战略之后，东部地区在率先发展的基础上再带动中西部地区，最终实现区域协调发展。因此，中国区域协调发展的微观基础必须考虑到，在开放条件下中国加入国际外包体系对区域之间的产业关联和技术经济联系所造成的影响。为此，设定了方程：

$$iaos_{ip} = \gamma_0 + \gamma_1 inos_{ip} + \gamma_2 iros_{ip} + \gamma_3 ie_{ip} + \gamma_4 ms_p + \gamma_5 klr_{ip} + \gamma_6 gd_p + \nu_{ip}$$

$$(5-3)$$

这里，方程（5-2）和方程（5-3）结合起来，共同反映了在开放条件下——控制 $inos_{ip}$ 这一变量——本区域（iaos）与其他区域（iros）之间在产业关联效应和技术经济联系方面的关系。

对于一国某一区域来说，$imp_i = inos_i + iros_i + iaos_i$，其中 imp_i 为本区

域的出口和调出总额中中间投入所占的比重。为此，引入一个定义方程：

$$imp_{ip} = \delta_0 + \delta_1 inos_{ip} + \delta_2 iros_{ip} + \delta_3 iaos_{ip} + \omega_{ip} \qquad (5-4)$$

通过上面的分析，中国在开放条件下的产业升级和区域协调发展，就转化为国际外包体系和国内外包体系之间，区域间外包体系与区域内外包体系之间是否存在良性互动关系的命题。本章将通过方程（5-1）、方程（5-2）、方程（5-3）和方程（5-4）组成的联立方程模型[①]，对这一命题进行研究。

在此处的联立方程模型中，下标 i 表示行业，p 表示区域。$inos_{ip}$、$iros_{ip}$、$iaos_{ip}$ 和 imp_{ip} 为内生变量，ie_{ip}、ms_p、klr_{ip}、gd_p、rdv_p 和 tg_{ip} 为外生变量。α、β、γ 和 δ 分别表示常数项和变量的系数，ε_{ip}、μ_{ip}、ν_{ip} 和 ω_{ip} 为随机扰动项。

二、变量的理论含义和计算方法

国际外包指数（$inos_{ip}$）：与地区专业化、产业同构和区域间产业影响力（或者感应度）系数等指标的计算不同，来自投入产出表价值链的测度是利用基于产品内分工的中间投入来计算的，从而从分工视角更深化、更精细和更密切地反映出产业关联效应和技术经济联系。$inos_{ip}$ 作为本区域的出口和调出总额中包含的来自进口中间投入所占的比重，反映了 p 区域 i 行业切入全球价值链的程度，是基于产品内分工的对外开放水平的测度，即反映了 p 区域 i 行业对国外的产业关联效应和技术经济联系。

区域间外包指数（$iros_{ip}$）：$iros_{ip}$ 作为本区域的出口和调出总额中包含

---

① 需要说明的是，在本章设定的联立方程模型中并未引入中国财政分权的代理变量。尽管中国的财政分权体制对地区之间关系等方面有着重要的影响，并且在既有的文献中也得到了大量的研究（王永钦等，2007），但是考虑到中国的财政分权是以分省（或更低级的行政单位）为单位实施的，而本章的样本却是以八大区域为单位的，若财政分权的代理变量进入联立方程模型，就可能存在合成谬误。本章经过权衡，在遗漏重要变量的偏误和合成谬误之间选择了承担遗漏重要变量偏误的风险。在随后的实证过程中，本章以利税率作为财政分权的代理变量，引入计量模型进行了回归，回归结果并未改变本章的基本结论。这说明本章的选择是比较合理的。

的来自本国其他区域的中间投入所占的比重，反映了 p 区域 i 行业切入国内价值链 1 的程度，是基于产品内分工的对内（本国其他区域）开放水平的测度，即反映了 p 区域 i 行业对本国其他区域的产业关联效应和技术经济联系。

区域内外包指数（iaos$_{ip}$）：iaos$_{ip}$作为本区域的出口和调出总额中包含的来自本区域中间投入所占的比重，反映了 p 区域 i 行业切入国内价值链 2 的程度，是基于产品内分工的对内（本国本区域）开放水平的测度，即反映了 p 区域 i 行业对本国本区域的产业关联效应和技术经济联系。

中间投入比重（imp$_{ip}$）：imp$_{ip}$作为本区域的出口和调出总额中中间投入所占的比重，反映了 p 区域 i 行业出口和调出总额的中间投入水平。对于一国某一地区来说，其生产的产品无论是出口和调出，还是留在本区域使用，该产品中间投入占总产出的比重都是一样的。这样，就可以用 p 区域 i 行业的中间投入占 p 区域 i 行业总产出的比重来测度 imp$_{ip}$。

产业外部性（ie$_{ip}$）：企业的前后向联系行为带来的产业外部性会产生规模报酬递增和正反馈效应，从而使企业集聚在一起形成产业集群（Henderson，1974）。本章用 p 区域 i 行业企业单位数占全国 i 行业企业单位数的比重来衡量产业外部性。

市场规模（ms$_p$）：一个国家或地区的市场规模是制约分工程度的重要因素。市场规模越大，可能进行的分工就越细，生产效率就越高。此外，企业集聚在消费者市场附近所带来的需求联系也会产生报酬递增的效应（Krugman，1991）。本章使用 p 区域 GDP 占全国 GDP 的比重来度量该区域的相对市场规模。

资本劳动比率（klr$_{ip}$）：价值链的某一环节或者工序反映着特定的技术结构。一国或地区可以通过保持技术结构和禀赋结构之间的一致性，极小化技术的应用成本，获得核心竞争力。而随着禀赋结构和比较优势的动态变化，一国或地区的技术和产业结构会循序升级（林毅夫等，1999），即在价值链中延伸自身承担的分工环节，向附加值高的环节攀升。这里，采用了 p 区域 i 行业的固定资产净值年平均余额与 p 区域 i 行业全部职工年平均人数之比，来度量 p 区域 i 行业的要素禀赋结构。

地理距离（gd_p）：区域之间距离越远，运输成本越高，从而会限制分工的深化和商品的流动。这种由运输成本造成的损耗被称为"冰川（iceberg）"成本（Samuelson，1954）。本章用地理距离来表示本区域与其他区域的平均地理距离，其计算方法是：gd_p = p 区域面积 + 其他区域总面积/其他区域个数。

技术差距（tg_{ip}）：产业梯度是指不同国家或地区之间基于经济发展阶段、产业演进状况和要素禀赋结构等因素形成的生产率的差异。这种国家或区域之间的产业梯度为它们之间的生产和贸易活动提供了分工空间和产业转移的可能性。本章此处构造技术差距这一指标作为产业梯度的代理变量，其具体计算方法为：tg_{ip} = p 区域 i 行业的全员劳动生产率/全国 i 行业的全员劳动生产率。

地区虚拟变量（rdv_p）：传统的经济地理理论认为，不同地区之间经济地理因素的差异是影响经济活动分布的重要原因。具体到研究中国区域经济的文献中，基本上都使用了东部、中部和西部的虚拟变量。这样，引入地区虚拟变量，东部地区为 1，中西部地区为 0。从地理环境、历史条件和改革开放后的政策扶持等方面看，中国的东部地区在对接全球价值链上都较中西部地区有优势，因此，预期东部地区的虚拟变量将显示出对东部地区加入国际外包体系的程度有正的影响。

三、数据说明和样本选取

本章采用的国际外包指数与国内外包指数数据来自 1997 年中国区域间投入产出表，其余数据来自《中国统计年鉴》、《中国工业经济统计年鉴》和《中国区域经济统计年鉴》。

考虑到垂直专业化由于产品或服务技术可分性的约束主要发生在制造业，这样采选业和电气水供应业切入外包体系的程度就会受到影响，本章就以制造业为样本进行了回归检验。为了统一口径，本章将 1997 年中国区域间投入产出表的行业分类与《中国工业经济统计年鉴》的行业分类进行了对照合并，合并后的15个行业为：食品制造及烟草加工业、纺织业、服装皮革羽绒及其他纤维制品制造业、木材加工及家具制造业、造纸印刷及文教用品制造业、石油加工及炼焦业、化学工业、非金属矿物制品业、金属冶炼及压延加工业、金属制品业、机械工业、交通运输设备制造业、电气机械及器材制造业、电子及通信设备制造业、仪器仪表及文化办公用机械制造业。

第六节　实证研究的发现

一、实证方法

在通过联立方程模型来研究国际外包体系与国内外包体系之间的相互关系之前，需要先考察该方程组的识别问题。在本章所建立的含4个内生变量的4个方程的模型中，可以从模型（其他方程）所含而该方程所不含的诸变量（内生的或前定的）的系数矩阵中构造出一个3×3阶的非零行列式来，根据联立方程组可识别的秩条件判别法则，可以判定该联立方程组是可以识别的。方程（5-1）包含3个内生变量，4个前定变量；而联立方程组则包含6个前定变量，依据联立方程组可识别的阶条件判别法则，可以判定方程（5-1）属于恰可识别的情形（即6-4=3-1）。同理，可以判定方程（5-2）属于恰可识别的情形；判定方程（5-3）属于恰可识别的情形；判定方程（5-4）属于过度识别的情形。

在由两个或两个以上的方程构成的系统中，系统估计方法一般上都比两阶段最小二乘法（2SLS）逐个估计每一个方程更有效。具体到联立方程模型来说，三阶段最小二乘法（3SLS）是最常用的系统估计方法。因此，本章在下面的分析中将采用3SLS法进行回归。

二、回归结果和分析

本章此处的实证分析将以表5－2中采用3SLS法的全样本的回归结果为主。采用似不相关回归（SUR）法和子样本的回归结果主要作为稳健性检验而存在。

表5－2   联立方程模型的回归结果

内生变量	全样本（3SLS）				子样本（3SLS，不包括京津区域）			
	inos	iros	iaos	imp	inos	iros	iaos	imp
inos		−1.015*** (0.395)	−0.942*** (0.139)	0.955*** (0.073)		−0.636 (0.559)	−0.985*** (0.131)	0.963*** (0.020)
iros	−2.397*** (0.725)		−0.906 (0.778)	1.138*** (0.147)	−2.375*** (0.811)		−0.436 (0.737)	0.989*** (0.046)
iaos	−1.039*** (0.274)	−1.049*** (0.280)		0.999*** (0.091)	−1.047*** (0.315)	−0.811** (0.322)		0.972*** (0.025)
ie	0.002 (0.216)	0.284 (0.193)	0.272 (0.239)		−0.057 (0.218)	0.113 (0.200)	0.374* (0.205)	
ms	0.501 (00.391)	−0.224 (0.335)	−0.213 (0.487)		0.590 (0.445)	0.075 (0.452)	−0.519 (0.507)	
klr	0.008** (0.003)		−0.0003 (0.004)		0.007* (0.004)		−0.004 (0.004)	
gd		−0.031** (0.015)	−0.030* (0.016)			−0.018 (0.019)	−0.040** (0.017)	
tg		0.007 (0.040)				−0.017 (0.050)		
rdv	0.038 (0.031)				0.036 (0.035)			

续表

内生变量	全样本（3SLS）				子样本（3SLS，不包括京津区域）			
	inos	iros	iaos	imp	inos	iros	iaos	imp
cons	0.796 *** (0.193)	0.791 *** (0.207)	0.754 *** (0.033)	-0.015 (0.067)	0.797 *** (0.224)	0.617 ** (0.250)	0.763 *** (0.034)	0.018 (0.019)
R^2	0.502	0.273	0.907	0.784	0.509	0.576	0.921	0.985
样本数	120	120	120	120	105	105	105	105

注：① *** 、** 、* 分别表示1%、5%和10%水平上的显著性。②括号内的数据是系数的标准误。

1. inos、iros 和 iaos 之间的相互关系

国际外包体系与国内外包体系之间的关系。从表5－2方程的回归结果来看，国际外包指数与区域间外包指数之间存在双向显著的负相关关系，国际外包指数与区域内外包指数之间也存在双向显著的负相关关系，这说明，国际外包体系与两个国内外包体系（区域间外包体系和区域内外包体系）之间均不存在良性互动关系。

对于国际外包体系与国内外包体系之间的替代性关系，此处将结合中国经济发展的特征事实来提供一个可能的解释。从国际外包体系对国内外包体系的关联作用来分析，中国各区域特别是东部地区在利用自身在劳动禀赋方面的比较优势迅速成为全球最大代工平台之后，开始向国际外包体系的高端攀升。这就与国际外包体系的主导性企业之间形成了直接的利益冲突。国际外包体系的主导性企业利用自身的优势地位对中国的代工企业进行纵向压榨和低端封锁，导致其在完成了较低级的工艺升级和产品升级之后，无法完成较高级的功能升级和链条升级。此时，国际外包体系就无法在国内延伸和开展，进而孵化和孕育出国内外包体系。此外，升级困境导致加入国际外包体系的区域只能在劳动密集型环节苦苦挣扎，这样就无法为其他区域腾出发展空间，最终导致区域之间的分工协作空间不足。正如本章第四节指出的，率先加入国际外包体系的东部地区对中西部的产业

关联效应更多地体现为将其压制在基于自然资源的原材料和半成品等低端供应商的地位上。反过来看国内外包体系对国际外包体系的关联作用。中国目前国内外包体系的关键零部件和设备很大程度上依赖于进口，在研发方面没有核心竞争力。这种动态引进国外先进资本品的模式在消耗了大量代工利润的同时，也使得国内的装备制造业等上游行业不断萎缩，打断了国内各行业之间的经济循环链条，最终无法发挥大国效应助推在国际外包体系的攀升。此外，庞大的中等收入阶层、多样化的偏好和挑剔的消费习惯等因素是企业进行产业升级的强大动力。而中国目前国内外包体系面对的国内市场具有奢侈品市场不断增长和低端市场异常庞大的二元特征。这种国内市场的二元结构无法为本土企业从事高附加值的环节提供稳定的、大规模的"母市场效应"，帮助其在国际外包体系中完成功能升级和链条升级。

区域间外包体系与区域内外包体系之间的关系。从表 5 - 2 方程（5 - 2）和方程（5 - 3）的回归结果来看，在控制了 inos 之后，iros 与 iaos 之间存在双向的负相关关系，只是在方程（5 - 3）未通过显著性水平检验。这表明在控制了全球化（inos）这一因素后，本区域（iaos）与其他区域（iros）之间在产业关联效应和技术经济联系方面存在着割裂。

正如本章第二节所言，要梳理清楚中国不同区域之间的相关关系，是不能回避全球化的影响的。中国目前存在的国际外包体系与国内外包体系二者之间是交织缠绕的，且国际外包体系处于主导和强势的地位。因此，此处将在全球化这一框架下对区域间外包体系与区域内外包体系之间的割裂关系做出尝试性的解释：本章第四节的统计分析表明，中国各个区域在全球化进程中切入的国际外包体系具有两个特征，其一是两头在外，即从国外进口原材料、半成品和机器设备，在国内简单的组装加工后，再出口到国外市场；其二是利用自身廉价而丰裕的劳动力，从事低附加值的加工组装环节。"两头在外"的特征导致中国的各个区域只是利用国外的机器设备将进口的原材料和半成品进行加工组装，这样就很难形成对上游产业的关联；而在加工组装之后又主要进行出口，同样也很难形成对下游产业的关联；对上下游产业缺乏关联一方面导致国际外包体系对本区域的嵌入程度不够，无法形成本地化的生产网络；另一方面导致对其他区域缺乏关联，难以形成区域之间因果循环的经济链条。而各个区域主要从事低附加值的劳动密集型环节，导致国际外包体系在国内的链条太短，高级的生产要素难以投入和积累，无法实现生产过程的迂回化和柔性化。众所周知的是，生产过程的迂回化和柔性化程度越高，意味着循环累积效应越强，生产效率越高。可见，短链条的低级要素密集型环节不利于延长国内经济的循环链条，无法为区域间的分工协作提供微观基础。

经过上面的实证分析，发现中国在改革开放后形成的互相嵌套的两个"中心—外围"格局，可能就是由国际外包体系与国内外包体系之间的割裂，区域间外包体系与区域内外包体系之间的割裂造成的。具体说来，国际外包体系与国内外包体系之间的割裂导致无法发挥大国优势和在位优势，通过国内外包体系来支撑本土企业在国际外包体系中的产业升级，从而形成了发达国家与东部地区的"中心—外围"格局；而区域间外包体系与区域内外包体系之间的割裂导致不同区域之间主要专注于劳动密集型和自然资源密集性的生产和贸易，无法实现更高级别和更长链条的分工协同和均衡发展，从而形成了东部地区和中西部地区之间的"中心—外围"格局。最终在国际外包体系与国内外包体系之间的交织缠绕下，演变为"发达国家←→中国东部地区←→中西部地区"的"食物链"，给中国经济的可持续发展提出了产业升级和区域谐调发展的双重任务。

2. inos、iros、iaos 与 imp 之间的关系分析

在表 5 – 2 采用 3SLS 的全样本回归结果中，方程（5 – 4）中 inos 的系数显著的为 0.955，即 inos 每增加一单位，imp_{ip} 增加 0.955 个单位；这表明若来自进口的中间投入增加一单位，则产品的中间投入增加 0.955 个单位。$iros_{ip}$ 的系数显著的为 1.138，即 $iros_{ip}$ 每增加一单位，imp_{ip} 增加 1.138 个单位；这表明若来自国内其他区域的中间投入增加一单位，则产品的中间投入增加 1.138 个单位。$iaos_{ip}$ 的系数显著的为 0.999，即 $iaos_{ip}$ 每增加一

单位，imp_{ip} 增加 0.999 个单位；这表明若来自国内本区域的中间投入增加一单位，则产品的中间投入增加 0.999 个单位。

产品的中间投入比重是度量特定经济体投入产出效率的指标，体现了投入产出关系所内含的技术水平的高低。中间投入比重越高，表明该经济体投入产出的效益越差，投入产出关系所内含的技术水平越低。通过比较中间投入来源的三种渠道对产品中间投入的影响，发现来自进口的中间投入，对产出的中间投入贡献率最小；来自本国其他区域的中间投入，对产出的中间投入贡献率最大；而来自本区域的中间投入，对产出的中间投入贡献率居中。这就表明，来自进口的中间投入对各个区域效率和技术水平的促进作用，大于来自国内中间投入的促进作用。对此，一个可能的解释是，通过隐含着先进技术的资本品的进口和使用，产业升级的过程可以由干中学转变成价值链中学，从而提高各个区域的效率和技术水平。值得警惕的是，由于与国际外包体系的主导者存在根本的利益冲突，这种价值链中学的效应是有限的，很容易使本国陷入对国外资本品的动态引进和被动跟随（陈爱贞等，2008）。本章第四节的统计分析显示不管是对于东部地区，还是中西部地区，对国外的资本品进口都存在很强的依赖，就体现了价值链中学效应对提升各个区域效率和技术水平的局限性。

来自国内其他区域的中间投入对各区域效率和技术水平的促进作用，在三种渠道中是最小的。本章第四节的统计分析表明，东部与中西部的产业关联效应更多地体现在自然资源密集的行业；而对于技术水平高、产业关联效应大的资本品行业，东部与中西部之间的技术经济联系却不大。这种区域之间资本品行业关联少，资源密集行业关联多的特征性事实，自然会对各个区域通过调入其他区域的中间投入来提升本区域的效率和技术水平，造成不利的影响。可见，此处的回归结果与本章第四节的统计分析之间是逻辑自洽的，互相提供了稳健性支持。

3. 外生变量的回归结果

第一个是产业外部性。集聚在一起的企业由于正的外部性会带来规模经济和关联效应，这种收益递增的因素会使处于集群中的企业生产率得以提高。因此，企业若以集群的形式加入价值链，会提高自身在价值链中的竞争力。从表5-2的回归结果看，ie的系数为正，说明产业外部性与全球价值链之间、产业外部性与国内价值链之间均存在着正相关关系，即产业集群与价值链之间存在着正相关关系。事实上，中国的企业往往在加入国际外包体系的同时，也加入了国内外包体系，同时还嵌入了当地的产业集群。遗憾的是，该相关关系没有通过显著性水平检验。

对于市场规模这一变量来说，其在方程（5-1）中的回归系数为正，在方程（5-2）和方程（5-3）中的回归系数为负，这表明市场规模与国际外包体系和国内外包体系之间的相关关系是不同的。区域市场规模的扩大，可以深化分工程度和实现报酬递增，从而提升切入国际外包体系的水平。这种作用之所以不显著，可能是因为中国的经济发展阶段使得国内市场规模的作用有限。有趣的是，区域市场规模的扩大却降低了切入国内外包体系的水平，本章猜想是因为国内外包体系与国际外包体系之间的割裂关系导致了市场规模更多地作用于国际外包体系。

本章分析的第三个变量是资本劳动比率。从表5-2的回归结果看，klr在方程（5-1）中的回归系数显著为正。中国在国际外包体系中承担加工组装的低附加值外包订单，依据的就是自身廉价而丰裕的劳动力，从而使得自身的要素禀赋结构和自身承担国际外包体系环节的技术结构保持了一致。这种一致性可以降低技术的应用成本，促进在价值链中延伸自身所承担的分工环节，向附加值高的环节攀升。iaos作为对本区域的产业关联效应和技术经济联系的指标，也可以理解为一种产业集聚效应。本章在方程（5-3）中引入klr，目的就是要考察要素禀赋结构的改善对产业集聚的影响。本章发现klr在方程（5-3）中的回归系数不显著地为负。这种不显著的作用可能是因为各区域在样本期间的要素禀赋结构水平，还未使得产业集聚的向心力（包括前后向关联效应、密集型劳动市场和溢出效应）小于离心力（生产要素的非流动性和要素价格），导致经济活动通过产业转移在空间上扩散。

即使不考虑交通运输条件、地方保护主义和自然社会环境等因素，地理距离也是阻碍区域间分工协作和要素商品流动的客观约束。从表 5－2 方程（5－2）的实证结果也发现，地理距离的确不利于区域间的分工协作。此外，表 5－2 方程（5－3）的实证结果也表明，地理距离也不利于本区域发挥产业集聚效应。本章认为，地理距离会限制要素投入的密度，而要素投入密度的增强会提高生产率（Ciccone and Hall，1996），并进而通过自我强化的机制来实现对本区域的产业关联效应和技术经济联系。

本章考察的第五个变量是作为产业梯度代理变量的技术差距。此处的实证研究发现，技术差距与 iros 之间存在着正相关关系。这表明产业梯度的存在有利于本国其他区域的产业关联效应和技术经济联系，只是这种本章希望存在的正相关关系并不显著。陆铭和陈钊（2006）基于 1985～2001 年中国省级面板数据的实证研究表明，一个地方相对于其他地方技术差距越大，越是有激励采取市场分割的政策。该观点可以为这种不显著性提供一个可能的解释。事实上，产业梯度只是产业关联和经济联系的必要条件，而不是充分条件。

最后，来分析一下地区虚拟变量的回归结果。本章发现，实证结果正如前面所预期的那样，东部地区由于地处沿海，与中西部地区相比获得了更接近国外市场的地理优势，从而有利于其对接国际外包体系。遗憾的是，这种正相关关系只是在采用 SUR 法的全样本回归中通过了显著性检验。

4. 稳健性检验

为了避免多重共线性对回归结果的影响，在满足联立方程模型可识别的阶条件和秩条件的前提下，先对外生变量采取了逐步回归的方法，最后再一起进入模型进行了回归。如果一些不可观察的变量同时影响联立方程模型中的四个内生变量，四个方程残差项之间的协方差就可能非零，本章为此使用了似不相关回归（SUR）方法对联立方程模型进行了检验。本章也用 3sls 法对文中的联立方程模型进行了回归（见表 5－3）。

表 5 – 3　　　　　　　　　　　　稳健性检验的回归结果

内生变量	全样本（SUR）				子样本（3SLS，不包括西南区域和西北区域）			
	inos	iros	iaos	imp	inos	iros	iaos	imp
inos		-0.698^{***} （0.059）	-0.987^{***} （0.032）	0.836^{***} （0.032）		-0.903^{**} （0.404）	-0.865^{***} （0.163）	0.837^{***} （0.239）
iros	-1.059^{***} （0.085）		-1.156^{***} （0.070）	0.877^{***} （0.045）	-2.536^{*} （1.482）		-1.824^{*} （1.005）	0.978^{***} （0.368）
iaos	-0.967^{***} （0.030）	-0.744^{***} （0.046）		0.853^{***} （0.032）	-1.178^{***} （0.226）	-0.833^{***} （0.209）		0.847^{***} （0.275）
ie	0.305^{***} （0.098）	0.119 （0.083）	0.240^{**} （0.099）		-0.027 （0.338）	0.204 （0.192）	0.032 （0.286）	
ms	-0.050 （0.126）	0.051 （0.110）	-0.022 （0.129）		0.556 （0.789）	-0.155 （0.358）	0.343 （0.607）	
klr	0.001 （0.001）		0.001 （0.001）		0.006 （0.007）		0.003 （0.005）	
gd		-0.010^{**} （0.005）	-0.011^{***} （0.004）			-0.033 （0.033）	-0.030 （0.038）	
tg		0.0002 （0.011）				0.027 （0.048）		
rdv	0.027^{***} （0.008）				0.021 （0.029）			
cons	0.660^{***} （0.025）	0.561^{***} （0.039）	0.728^{***} （0.020）	0.101^{***} （0.023）	0.901^{***} （0.198）	0.659^{***} （0.172）	0.804^{***} （0.074）	0.092 （0.208）
R^2	0.847	0.504	0.884	0.844	0.573	0.473	0.842	0.640
样本数	120	120	120	120	90	90	90	90

　　注：① ***、**、* 分别表示 1%、5% 和 10% 水平上的显著性。②括号内的数据是系数的标准误。

　　鉴于京津区域是由北京市和天津市两个直辖市组成，直辖市的经济职能与社会定位与普通的省份相比存在很大的差别；而有关区域经济的文献认为（张晏和龚六堂，2006），是否包括直辖市的样本存在统计学上的差异，因此本章在这里剔除了都是由直辖市组成的京津区域，以余下的七大区域作为子样本进行了回归。中国的对外开放是从沿海到内陆的梯度式渐进开放，且各区域越接近沿海港口就意味着接近国外市场的成本越小，本章也剔除了远离沿海港口的西南区域和西北区域，以余下的六大区域作为子样本进行了检验。上述所有的回归结果并不改变本章的基本结论，提供了较好的稳健性支持（本章在表 5 - 2 和表 5 - 3 中只报告了部分回归结果）。

第七节　小　　结

尽管有关中国产业升级和地区差距的研究越来越多，但是一个普遍被忽视的研究视角是将中国的产业升级和区域协调发展放在全球化这一大背景之下，探究中国产业升级的困境与地区差距的扩大之间可能存在的逻辑关系。本章认为，中国在改革开放进程中形成的两个互相嵌套的"中心—外围"格局的原因可能就在于中国在全球价值链中的低端定位，这种定位使得率先加入国际外包体系的东部地区自身陷入低端锁定困境的同时，也使其无法带动中西部地区的发展。

正是基于上面的考虑，本章首先利用基于投入产出表的新方法测度了1997 年中国八大区域的国际外包指数和国内外包指数水平，初步的统计分析发现，东部和中西部地区皆在国际外包体系中处于低附加值的分工环节；与中西部地区相比，率先开放的东部地区切入国际外包体系的程度更高，且直接和间接的技术经济联系"外向型"特征明显；东部地区对中西部的产业关联效应更多地体现为将其压制在基于自然资源的原材料和半成品等低端供应商的地位；国际外包体系与国内外包体系之间存在割裂、区域间外包体系与区域内外包体系之间也存在割裂。然后利用一个联立方程模型的实证发现，从整体上看，国际外包体系与国内外包体系之间，区域间外包体系与区域内外包体系之间均存在显著的负相关关系。这种替代性的割裂关系可能就是形成"发达国家←→中国东部地区←→中西部地区"的"食物链"，进而造成中国在国际外包体系中低端锁定和地区差距扩大的微观机理。

基于本章提供的证据，本章认为中国在开放经济条件下打破两个"中心—外围"格局需要通过东部地区率先发展和区域协调发展之间的良性互动，全球价值链和国内价值链之间的良性互动，将经济拉动方式从"出口导向型"转变为"扩大内需型"，将竞争模式从"环节对链条"转变为"链条对链条"。

第六章

外包与劳动收入份额

第一节　中国劳动收入份额和外包指数的趋势

　　通过承接全球价值链中的生产环节，中国成为全球最重要的外包制造平台（Gereffi and Sturgeon，2004）。随着全球外包制造平台地位的确立，中国的贸易依存度也不断提高。中国的对外贸易很大程度上是通过承接全球价值链中劳动密集型的生产环节发展起来的，依据斯托尔珀—萨缪尔森定理（Stolper - Samuelson 定理，SS 定理）①，中国劳动的工资会相应增加，进而提高其在国民收入分配中的份额。但中国全球外包制造平台地位，并没有带来劳动收入份额的增加。中国劳动收入份额在 1997 年达到 0.549 的峰值之后，再下滑到 2007 年的 0.414 的过程，正是中国外包指数②从 0.084 提高到 0.147 的过程（见图 6 - 1），这一反差令人费解。

---

　　① 迪尔多夫（Deardorff，1994）系统总结了斯托尔珀—萨缪尔森定理自 1941 年提出以来的六个版本，本章此处针对的是斯托尔珀—萨缪尔森定理的"限制性版本（restrictive version）"，即相对于封闭经济来说，自由贸易降低了一国稀缺要素的实际报酬，而增加了丰裕要素的实际报酬。
　　② 本章此处采用胡梅尔斯等（2001）和北京大学中国经济研究中心课题组（2006）提出的方法来测算外包指数。具体的推导过程见附录 3，其中，图 6 - 1 中的外包指数是依据公式（附 3 - 3）计算所得。

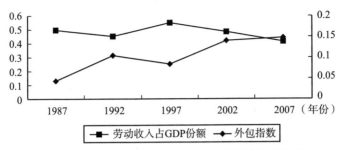

图 6 - 1   中国劳动收入份额和外包指数的变动趋势

注：劳动收入份额数据来自历年中国投入产出表；外包指数数据来自历年中国投入产出表，联合国贸发会议数据库和《中国统计年鉴》。

对于中国劳动收入份额的下降，国内学界从各个角度进行了研究：李稻葵等（2009）指出，劳动份额在经济发展的过程中呈现"U"形规律，中国目前正处于劳动份额的下降期。白重恩和钱震杰（2009）将劳动收入份额的变化分解为部门要素分配份额变化和产业结构变化，认为 1995 年以来劳动收入份额下降主要来自产业结构的变化。罗长远和张军（2009）通过建立联立方程模型，对中国省级面板数据进行检验，发现 FDI、经济发展水平和民营化不利于劳动收入占比的改善。黄先海和徐圣（2009）对中国劳动密集型和资本密集型两类部门 1990～2006 年的劳动收入比重进行了分解，发现劳动节约型技术进步是两类部门劳动收入比重下降最重要的原因。

本章认为，外包作为一种组织和治理力量，可以从产品价格、要素边际产出和要素市场一体化等多种渠道影响一国的国民收入分配格局，外包已经成为影响国民收入分配的作用机制。为此，本章提供了一个关于外包与国民收入分配关系的分析框架和理论假说，并利用中国的行业面板数据，采用带有 Driscoll - Kraay 标准误的固定效应估计方法等多种稳健性检验之后，发现外包对劳动收入份额的效应显著为负。在开放经济条件下，中国劳动收入份额的下降，是外包组织和治理下发达国家的资本对发展中国家的劳动压榨的结果，是外包组织和治理下发展中国家贫困化增长在国民收入分配领域中的体现，外包已经成为影响一国国民收入分配格局的作用机制。

劳动收入份额的合理与否，对一国经济发展和社会进步发挥着重要的作用。首先，劳动收入份额可以反映劳动者在经济发展过程中所分享的成果，标志着其生活质量和福利水平的高低。其次，谢勒（Scherer，1965）认为市场需求是创新的拉力，技术进步是创新的推力，而技术推力本身又是对需求拉力的一种反应。合理的劳动收入份额，可以缩小收入差距和扩大市场需求，成为一国自主创新的拉力。最后，收入分配是一国国民经济再循环的必要环节。劳动收入份额的合理与否，关系到积累与消费的比例，关系到一国经济增长的方式，是国民经济再循环顺利实现的基础。

遗憾的是，本章的研究结论表明外包作为影响一国国民收入分配格局的一种力量，是中国对外贸易发展与劳动收入份额下降之间反差的作用机制。外包对中国劳动收入份额的压榨，不仅促使我们认识到外包正成为影响一国国民收入分配格局的作用机制，而且可以重新反思中国经济目前面临的诸多困境，譬如居民收入差距的扩大，国际收支的"双顺差""民工荒"和产业升级困境等现象。

本章其余部分的结构安排为：第二节是通过梳理既有文献，总结了两条研究路径，第三节提供一个外包与劳动收入份额关系的分析框架和理论假说，第四节是计量模型设定与变量说明，第五节利用中国行业面板数据进行检验和分析，第六节分析外包影响劳动收入份额的具体渠道，第七节是结论与启示。

第二节　两条研究路径

一、全球化与国民收入分配的实证研究

在全球化与国民收入分配的实证研究中，重要的问题是如何设定全球

化的代理变量，不同的设定意味着不同的研究视角，从而可能得出不同的研究结论。哈里森（Harrison，2002）分别以贸易依存度、外资流入和流出、汇率波动和资本管制来测度全球化，采用跨国面板数据研究了全球化对劳动收入份额的影响，结果发现贸易、外资和汇率危机降低了劳动份额，资本管制则提高了劳动份额。古斯卡纳（Guscina，2006）分别以贸易依存度、发展中国家的贸易比重、FDI 占 GDP 的比重和资本流动占 GDP 的比重作为全球化的代理变量，利用 18 个 OECD 国家 1960～2000 年数据的回归结果显示，贸易依存度对劳动收入的份额造成了负效应，发展中国家的贸易比重对劳动收入份额造成了正效应，FDI 占 GDP 的比重对劳动收入份额的效应在不同样本时间之间是不同的，资本流动占 GDP 的比重对劳动收入份额的效应类似于贸易依存度和 FDI 占 GDP 的比重的效应。罗长远和张军（2009）借助 1987～2004 年中国省级面板数据，以 FDI 和出口作为全球化的代理变量，通过建立联立方程模型对劳动收入占比的变化进行了分析，发现 FDI 不利于劳动收入占比的提高，出口对劳动收入占比没有促进作用。

过去几十年世界经济活动最显著的变化之一，是跨国公司通过外包，将同一产品的不同环节依据要素投入比的差异布局在相应的具有要素禀赋优势的国家或地区，全球化因而演变为功能一体化和国际性分散活动的协作。进一步，在外包的组织和治理力量下，国际贸易因而更多地表现为协作型贸易（co-ordinated trade）（Schmitz，2004）。因而，若考察全球化对国民收入分配格局的影响，有必要将当今全球化背后的组织和治理力量——外包—作为全球化的代理变量进行深入研究。

二、外包与工资差距的实证研究

20 世纪 80 年代开始，许多国家出现了工资差距扩大化的趋势。与此同时，国际外包的迅速发展成为这一阶段全球化的显著特征，研究外包对工资差距的影响就成为重要的方向。芬斯特拉与汉森（1997）发现，由于美国公司在墨西哥建立了许多工厂，并将大量中间产品的制造外包给这些工厂，从而扩大了对墨西哥高技术工人的需求，推动了 20 世纪 80 年代后期墨西哥工资差距的上升。芬斯特拉与汉森（1999）基于三个生产要素的短期成本函数推导出高技术工人相对需求的回归方程，采用美国 1979 ~ 1990 年四位数的产业分类数据，以中间品进口贸易来衡量国际外包，结果发现美国国际外包的增加对于高技术工人和低技术工人之间工资差距扩大的贡献度高达 22%。通过对 1991 ~ 2000 年德国制造业数据的分析，发现外包降低了低技术工人的工资，却提高了高技术工人的工资（Geishecher and Gorg，2004）。谢与伍（2005）的研究表明，在 1981 ~ 1996 年间，中国香港对内地外包贸易的增长对香港工资差距扩大的贡献度高达 50% ~ 60%。盛斌和牛蕊（2009）利用中国 1998 ~ 2006 年 31 个工业部门的面板数据，检验了外包对要素收入分配的影响，结果表明外包导致了国内熟练与非熟练劳动力工资差距的扩大。

依据斯托尔珀—萨缪尔森定理，国际贸易将降低发展中国家相对丰裕的高技术工人的工资，提高其相对稀缺的低技术工人的工资，从而缩小其国内的工资差距。但上述文献的实证结果却表明，外包扩大了发展中国家国内的工资差距。相对于发达国家来说，发展中国家的劳动力以低技术工人为主，外包扩大发展中国家工资差距的结论，并不利于发展中国家通过承接全球价值链的生产环节的外包订单，发挥在劳动力方面的比较优势，将价值链转化为收入链和创新链，推动本国的产业升级。

可见，从外包切入研究一国国民收入分配格局，不仅可以从国际产品内分工层面，寻找影响国民收入分配格局的作用机制，而且可以回答在外包组织和治理下，自身的劳动禀赋优势能否帮助发展中国家积累高级生产要素和实现产业升级这一命题。

第三节　分析框架和理论假说

在目前的全球化进程中，外包作为一种组织和治理力量，已经成为影响国民收入分配的作用机制。本章此处将对外包影响国民收入分配的作用机制提供一个简单的分析框架；并在此基础上，提出有待检验的理论假说。

假设一国劳动在国民收入中的份额 ls 可以写为：

$$ls = \frac{w \times L}{GDP} \qquad (6-1)$$

其中，w 为劳动的工资，L 为劳动的数量。

劳动的工资 w 等于产品价格 P 乘以劳动的边际产出 MP_1；产品价格越高，劳动边际产出越高，相应的劳动工资就越高，即：

$$w_1 = w(\overset{+}{p}, \ \overset{+}{MP_1}) = p \times MP_1 \qquad (6-2)$$

接下来，将在公式（6-2）的基础上，分析外包对劳动收入份额的作用机制。

第一，产品价格。在外包的组织和治理下，发展中国家通过承接全球价值链中的劳动密集型环节的外包订单发展对外贸易，但外包使得发展中国家的贸易始终面临着如下挑战：一是贸易条件的恶化。全球价值链进入壁垒的高低决定着全球价值链中各个环节的收入分配（Kaplinsky and Morris，2006）。发达国家承担全球价值链中研发和营销等高进入壁垒环节，发展中国家承担全球价值链中加工组装等低进入壁垒环节，导致二者在全球价值链的收入分配中的不对称地位，发展中国家贸易条件普遍恶化的趋势（Maizels，2000）就是这种不对称地位的体现。二是"合成谬误"的困境。发达国家出于风险控制和分享发展等目的，主动将劳动密集型环节的外包订在发展中国家之间进行分散；再加上劳动密集型环节的进入壁垒比较低，如果出现同类产品出口竞争者在该环节的过度进入，则发展中国家就会受到需求的"加总约束"，陷入"合成谬误"的困境。这种"合成谬误"的困境（Mayer，2002）是发展中国家必须长期面对的现实问题。可见，外包可使发展中国家的贸易条件恶化，滑入"合成谬误"的困境。而无论是贸易条件的恶化，还是"合成谬误"的困境，都会使发展中国家出口产品价格下降，降低发展中国家劳动的工资。

第二，劳动的边际产出。对于处在国际分工体系低端的发展中国家，承接外包订单对接国际技术前沿，是实现产业升级成本较低的可能路径，这表现在发展中国家在产业升级过程中可以通过资源配置的改善提高劳动的边际产出。但在产业升级的进程中，发展中国家沿着"工艺升级→产品升级→功能升级→链条升级"的升级进程并不是自动完成的（Humphrey and Schmitz，2000）。发达国家出于提升价值链竞争力的目标，可以帮助发展中国家完成较低级的工艺升级和产品升级；但当发展中国家开始实现更高级的功能升级和链条升级时，就发生了与发达国家根本的利益冲突，会遭受来自发达国家的遏制和锁定，产业升级进程因而有可能中断。产业升级进程一旦中断，通过资源配置改善来提高劳动边际产出的进程就会相应中断，发展中国家劳动工资的提高也会相应中断。

第三，劳动的需求弹性 ε_l。外包活动将同一产品的不同环节进行跨国分解，并组织和治理这些环节参与国际生产和贸易活动。对于发展中国家来说，外包组织和治理下生产环节的分解，使发展中国家不再需要一次性掌握生产某种产品不同环节的技术；而可以从全球价值链某一环节的专业化开始从事国际生产和贸易。发展中国家从事不同环节分解所形成的外包订单，降低了发展中国家加入国际生产和贸易体系的壁垒（United Nations Industrial Development Organization，2009）。鉴于发展中国家在外包组织和治理下贸易的比较优势主要来自廉价的劳动，这就很容易触发发展中国家之间为了吸引劳动密集型的外包订单，出现的竞相降低劳工标准的逐底竞争（race to the bottom）。这种逐底竞争可以增加世界劳动市场的需求弹性，弹性增加可使劳动的工资面临各种冲击时变得更不稳定，降低劳动的工资。正如谢弗与斯劳特（Scheve and Slaughter，2004）所述，生产的全球化使得劳动需求变得更有弹性，进而加大了工资和就业的波动性。

这样，公式（6-2）可以拓展为：

$$w_1 = w(\overset{+}{p}, \overset{+}{MP_1}, \overset{-}{\varepsilon_1}) = w[p(\overset{-}{os}), MP_1(\overset{-}{os}), \varepsilon_1(\overset{+}{os})] \quad (6-3)$$

这里，os 表示外包。进一步，将公式（6-3）转化为：

$$w_1 = w(\overset{-}{os}) \quad (6-4)$$

将公式（6-3）代入公式（6-1），再结合公式（6-4）有：

$$ls = w[p(\overset{-}{os}), MP_1(\overset{-}{os}), \varepsilon_1(\overset{+}{os})] \times \frac{L}{GDP} = w(\overset{-}{os}) \times \frac{L}{GDP} \quad (6-5)$$

公式（6-5）表明，外包可以通过降低劳动的工资，进而降低劳动在国民收入中的份额。通过上面的分析，本章提出有待检验的理论假说：

外包作为一种组织和治理力量，可以从产品价格、劳动的边际产出和劳动的需求弹性等多方面，降低发展中国家劳动的工资，进而降低劳动收入份额，成为影响一国国民收入分配的作用机制。

第四节　模型设定与变量说明

本章此处引入计量经济模型来分析外包与劳动收入份额之间的关系，对上一部分的理论假说进行检验。

依据芬斯特拉（2004），GDP 生产函数可表示为：

$$G(p, v, z) = \max\left[\sum F(p_i, v_k, z_j)\right] \quad (6-6)$$

其中，p_i 是产品价格，v_k 是要素数量，z_j 代表任一可能影响 GDP 函数的变量，如技术进步和市场竞争程度等。$i = 1, \cdots, N$；$k = 1, \cdots, M$；$j = 1, \cdots, O$。为了简化，将上述一般形式的 GDP 函数作对数型的泰勒二次展开，可以得到线性的超越对数 GDP 函数：

$$\ln G = \alpha_0 + \sum \alpha_i \ln p_i + \sum \beta_i \ln v_i + \frac{1}{2}\sum\sum \alpha_{ij}\ln p_i \ln p_j + \frac{1}{2}\sum\sum \beta_{ij}\ln v_i \ln v_j$$
$$+ \sum\sum \gamma_{ij}\ln p_i \ln v_j + \sum \delta_j z_j + \sum\sum \varphi_{ij}\ln p_i z_j + \sum\sum \phi_{ij}\ln v_i z_j$$
$$(6-7)$$

超越对数 GDP 函数若关于产品价格和要素数量满足对称性和线性齐次性，则需满足：$\alpha_{ij} = \alpha_{ji}$ 和 $\beta_{ij} = \beta_{ji}$；$\sum \alpha_i = 1$ 和 $\sum \alpha_{ij} = \sum \gamma_{ij} = 0$；$\sum \beta_i = 1$ 和 $\sum \beta_{ij} = \sum \gamma_{ij} = 0$。

基于超越对数函数的性质，有：

$$\frac{\partial \ln G}{\partial \ln v_i} = \left(\frac{\partial G}{\partial v_i}\right)\left(\frac{v_i}{G}\right)$$

$\frac{\partial G}{\partial v_i}$ 为要素 i 的价格，记为 w_i。这样，要素 i 的份额方程可表述为：

$$S_i = \frac{w_i v_i}{G} = \frac{\partial \ln G}{\partial \ln v_i} = \beta_i + \sum \gamma_{ij} \ln p_i + \sum \beta_{ij} \ln v_j + \sum \varphi_{ij} z_j \quad (6-8)$$

接下来，在式（6-8）的 z 中引入相关变量，构建劳动收入份额的回归方程。为了满足线性齐次性的假定，劳动收入份额的方程由相对数项来表示，即：

$$\ln ls = \beta_0 + \phi_1 \ln os + \phi_2 \ln olp + \phi_3 \ln lm + \phi_4 \ln soe + \phi_5 \ln tpr + \phi_6 \ln pcgdp$$
$$+ \beta_1 \ln klr + \gamma_1 \ln tt + \mu \quad (6-9)$$

这里，ls 是劳动收入份额，表示劳动收入在国民收入分配中所占的比重，是计量模型的被解释变量。os 是外包指数，反映中国外包的水平和规模，是本章关心的主要解释变量，依据附录 3 中公式（附 3-2）计算得到。该指数的取值范围为 0 到 1，数值越大表明承接外包的水平越高。

olp 是全员劳动生产率，用来测度技术进步。技术进步的方向可能会影响产出在劳动和资本之间的分配，古斯卡纳（2006）发现偏向资本的技术进步会导致劳动份额的下降。lm 是大中型企业比重，用来测度市场的竞争程度。当劳动不能按其边际产出取得报酬时，任何引起劳动价格和边际产出差距变化的因素，都有可能影响要素分配份额，其中，市场的竞争程度是引起劳动价格和边际产出差距变化的重要因素（Bentolila and Saint-Paul，1999）。soe 是国有企业比重，白重恩和钱震杰（2009）的研究表明，国有企业平均劳动收入份额高于非国有企业，国有企业的改制会导致劳动收入份额的下降。tpr 是税收比重，作为政府在国民收入分配中所占比重的代理变量。在国民收入"三分天下"的格局中，劳动获得劳动者报酬，资本获得固定资产折旧和营业盈余，政府获得生产税净额，三大分配主体之间存在着紧密的关系。pcgdp 是人均 GDP，经济发展水平可能是影响要素分配份额的重要因素，贾亚德夫（Jayadev，2007）以人均 GDP 为经济发展水平的代理变量，发现人均 GDP 与劳动收入份额存在正相关关系。

klr 是资本劳动比率，用来测度中国要素禀赋结构的变化。资本与劳动供给的相对稀缺程度，会影响资本和劳动的要素价格水平，改变二者在国民收入分配中的份额。tt 作为贸易条件，是出口价格与进口价格之比。依据斯托尔珀－萨缪尔森定理[①]，若某一出口商品相对价格上升，则该出口商品密集使用的生产要素价格会提高，另一种生产要素的价格会下降。μ 为随机扰动项。

ϕ_1 是本章最关心的参数，若回归系数中的符号显著为负时，就不能推翻本章的理论假说。

表 6-1 报告了本章计量模型所涉及变量的具体定义，以及数据来源。

表 6-1　　　　　　　　　　　　变量定义和数据来源

变量符号	变量定义	数据来源
ls	劳动收入份额，指劳动报酬占增加值合计的比重。增加值合计包括固定资产折旧、劳动者报酬、生产税净额和营业盈余	1987 年、1992 年、1997 年、2002 年和 2007 年投入产出表
os	外包指数，指出口产品中包含的进口中间投入品的比重，采用胡梅尔斯等（2001）和北京大学中国经济研究中心课题组（2006）提出的方法来测算	1987 年、1992 年、1997 年、2002 年和 2007 年投入产出表，联合国贸发会议数据库，《中国统计年鉴》

---

①　本章此处针对的是斯托尔珀—萨缪尔森定理的"基本版本（essential version）"：商品相对价格的上升，将会增加生产该商品所密集使用的要素的真实报酬，而降低另一种要素的真实报酬（Deardorff，1994）。

变量符号	变量定义	数据来源
olp	全员劳动生产率，指工业增加值与从业人员年平均人数之比，以1985年为基期	《中国工业交通能源50年统计资料汇编1949~1999》、《中国统计年鉴》、《中国工业经济统计年鉴》、《中国物价年鉴》
lm	大中型企业比重，指大中型企业产品销售收入与全行业产品销售收入之比	《中国工业交通能源50年统计资料汇编1949~1999》、《中国统计年鉴》、《中国科技统计年鉴》
soe	国有企业比重，指国有企业工业总产值与全部工业总产值之比	《中国工业交通能源50年统计资料汇编1949~1999》、《中国统计年鉴》
tpr	税收比重，指税收总额除以利润总额和税收总额之和	《中国工业交通能源50年统计资料汇编1949~1999》、《中国统计年鉴》
pcgdp	人均国内生产总值，以1987年为基期	《中国统计年鉴》
klr	资本劳动比率，指资本存量与从业人员年平均人数之比，其中，资本存量采用了永续盘存法来估计，以1985年为基期	杰弗逊等（Jefferson et al., 1996）、《中国工业交通能源50年统计资料汇编1949~1999》、《中国统计年鉴》、《中国工业经济统计年鉴》
tt	贸易条件，指出口价格指数与进口价格指数之比	《改革开放三十年中国对外贸易监测报告》

本章的实证研究采用中国的行业面板数据。为了统一口径，以《国民经济行业分类》两位数分类法为基准，将投入产出表的部门分类、各种统计年鉴和资料汇编的行业分类与联合国贸发会议数据库的国际贸易标准分类的产品分类进行了归类合并，具体的合并过程参见附录5。由于计算分行业的劳动收入份额和外包指数，需要使用投入产出表的数据，中国目前只有1987年、1992年、1997年、2002年和2007年的投入产出表可以归类合并为34个行业，其余年份的投入产出表部门细分程度均不足以进行归类合并，因而可以使用的数据共有5年。最终，形成了包括34个行业和5年（1987年、1992年、1997年、2002年和2007年）的面板数据。

第五节 模型检验和实证分析

一、回归方法

在面板数据模型中，固定效应模型假定个体不可观测的特征与解释变量相关；随机效应模型则假定个体不可观测的特征与解释变量不相关，本章此处利用豪斯曼检验在二者之间进行筛选。

在处理面板数据时，如果数据存在序列相关、异方差或自相关等问题，一般会采用广义最小二乘法处理（包括 FGLS），但其前提是时间跨度大于截面单元数（即大 T 小 N 型）。在大 N 小 T 的情况下，可以采用带有 Driscoll – Kraay 标准误的固定效应估计方法（Driscoll and Kraay，1998）①。考虑到本章计量模型的随机扰动项可能存在着序列相关、异方差或自相关等问题，且数据结构属于大 N 小 T 型（34 个行业，5 年），本章将同时采用 Driscoll – Kraay 标准误进行稳健性估计。

二、回归结果和分析

此处的实证分析以采用固定效应模型的全部样本的回归结果为主，带有 Driscoll – Kraay 标准误的固定效应和子样本的回归结果作为稳健性检验。

1. 外包对劳动收入份额的回归分析

在表 6 – 2 方程（Ⅰ）的回归中，豪斯曼检验拒绝了随机效应模型。

---

① 此方法对随机效应模型不适用。

在采用固定效应模型回归之后，lnos 的系数为负，且通过了1%的显著性水平检验，表明在控制了个体不可观测的特征之后，外包每提高一个百分点，劳动收入份额就会下降0.101个百分点，初步验证了本章提出的理论假说。

表6-2　不带 Driscoll - Kraay 标准误的计量模型（6-9）的回归结果

样本选择	（Ⅰ）FE	（Ⅱ）FE	（Ⅲ）FE	（Ⅳ）FE	（Ⅴ）FE
	全样本	去除2007年	去除ICT	生产者驱动	购买者驱动
lnos	-0.101 *** (0.023)	-0.108 *** (0.023)	-0.102 *** (0.023)	-0.103 *** (0.029)	-0.037 (0.047)
lnolp	-0.831 *** (0.114)	-0.925 *** (0.131)	-0.851 *** (0.117)	-0.969 *** (0.163)	-0.524 *** (0.172)
lnlm	-0.270 ** (0.119)	-0.150 (0.172)	-0.247 ** (0.121)	-0.407 (0.267)	-0.193 (0.122)
lnsoe	0.286 *** (0.076)	0.196 * (0.108)	0.303 *** (0.079)	0.258 * (0.133)	0.300 *** (.0100)
lntpr	-0.201 * (0.114)	-0.522 *** (0.122)	-0.197 * (0.115)	-0.336 * (0.173)	0.027 (0.157)
lnpcgdp	1.556 *** (0.230)	2.638 *** (0.357)	1.620 *** (0.237)	1.836 *** (0.343)	1.094 *** (0.322)
lnklr	0.308 *** (0.106)	-0.166 (0.179)	0.285 *** (0.108)	0.260 (0.174)	0.307 * (0.154)
lntt	0.479 * (0.272)	1.229 *** (0.303)	0.483 * (0.278)	0.831 ** (0.395)	-0.128 (0.358)
常数项	-2.587 *** (0.220)	-3.107 *** (0.251)	-2.589 *** (0.227)	-2.964 *** (0.343)	-1.707 *** (0.327)
within R^2	0.583	0.706	0.588	0.590	0.656
between R^2	0.593	0.824	0.619	0.685	0.120
overall R^2	0.556	0.787	0.579	0.603	0.235
豪斯曼检验P值	0.000	0.000	0.000	0.031	0.007
样本数	160	128	155	95	65

注：①*** 、** 、*分别表示1%、5%和10%水平上的显著性。②括号内的数字是标准误。

外包作为一种组织和治理力量，已经成为影响国民收入分配的作用机制，改变了国家之间的利得分配和竞争优势。本章第六节将在第三节的基础上，对发展中国家在外包组织和治理下的国民收入分配格局，提供一个扩展性的分析，寻找外包影响收入分配的具体渠道。

2. 其余变量的回归结果

在表6-2方程（Ⅰ）的回归中，lnolp 的系数显著为负。这说明中国的技术进步方向可能偏向资本，提高了资本劳动的边际产出比，造成劳动收入份额的下降。

在产业组织理论中，一般用行业集中度或赫尔芬德指数来衡量市场的竞争程度。若以本章所采用面板数据的国民经济行业分类两位数分类法来计算行业集中度或赫尔芬德指数，不仅对市场边界的界定会过于宽泛，而且数据难以获得。因而，本章采用大中型企业产品销售收入占全行业的比重来测度市场的竞争程度。表6-2方程（Ⅰ）的回归显示，lnlm 的系数为负，且通过了5%的显著性水平检验。产业组织理论表明，市场的垄断程度越高，工人相对于企业在劳动工资方面的议价能力就越低，获得的劳动工资与其边际产出的差距就越大。表6-2的回归结果表明市场的垄断程度越高，劳动收入份额就越低，符合产业组织理论关于市场竞争程度对劳动收入影响的论述。

表6-2方程（Ⅰ）中 lnsoe 系数显著为正。中国的国有企业为了维持就业水平，雇用了更多的劳动力；且平均劳动收入份额高于非国有企业（白重恩和钱震杰，2009），这些都会提高劳动收入的份额。

表6-2方程（Ⅰ）中 lntpr 系数显著为负，说明政府税收的增加会降低劳动收入的份额。依据国家统计局的数据，1979~2007年，中国 GDP 年均增长9.8%，1979~2007年，国家财政收入年均增长14.1%。特别是近年来国家财政收入增速更是明显地高于 GDP 增速，税收在 GDP 中的比重提高比较快，可能对劳动收入份额造成负面冲击。

关于经济发展水平对要素分配份额的影响，表6-2方程（Ⅰ）的回归结果表明，经济发展水平对劳动收入份额的影响显著为正。

在表6－2方程（Ⅰ）的回归中，lnklr的系数显著为正，表明资本劳动比率的增加可以提高劳动收入份额。资本劳动比率的增加意味着要素禀赋结构的升级，可以从以下的渠道提高劳动收入份额：其一，降低了资本相对于劳动的稀缺程度，从而提高了劳动的要素价格；其二，单位劳动使用的资本增加，可以提高劳动的边际产出，使其获得更多的工资。

鉴于中国出口的产品以劳动密集型产品为主，依据"基本版本"的斯托尔珀—萨缪尔森定理，中国贸易条件的改善将会提高出口产品中密集使用的劳动的工资，增加劳动在本国国民收入的份额。表6－2方程（Ⅰ）中lntt的系数显著为正，表明贸易条件的改善可以提高劳动收入份额。

3. 稳健性检验

鉴于本章计量模型的随机扰动项可能存在着序列相关、异方差或自相关等问题，且数据结构属于大N小T型，本章此处采用带有Driscoll－Kraay标准误的固定效应估计方法进行稳健性估计。比较表6－2和表6－3，可以看出回归结果相差不大，只是在系数的显著性水平和标准误大小方面稍有不同。对于本章最关心的解释变量lnos来说，其在表6－3的标准误比表6－2的标准误小，说明采用带有Driscoll－Kraay标准误的固定效应方法的估计精确度得以提高。

表6－3　带有 Driscoll－Kraay 标准误的计量模型（6－9）的回归结果

样本选择	（Ⅰ）FE	（Ⅱ）FE	（Ⅲ）FE	（Ⅳ）FE	（Ⅴ）FE
	全样本	去除2007年	去除ICT	生产者驱动	购买者驱动
lnos	-0.101^{***} (0.013)	-0.108^{***} (0.0206)	-0.102^{***} (0.012)	-0.103^{***} (0.016)	-0.037 (0.037)
lnolp	-0.831^{***} (0.118)	-0.925^{***} (0.054)	-0.851^{***} (0.123)	-0.969^{***} (0.187)	-0.524^{***} (0.119)

续表

样本选择	（Ⅰ）FE 全样本	（Ⅱ）FE 去除 2007 年	（Ⅲ）FE 去除 ICT	（Ⅳ）FE 生产者驱动	（Ⅴ）FE 购买者驱动
lnlm	- 0. 270 *** (0. 056)	- 0. 150 *** (0. 020)	- 0. 247 *** (0. 041)	- 0. 407 *** (0. 040)	- 0. 193 *** (0. 018)
lnsoe	0. 286 *** (0. 065)	0. 196 ** (0. 084)	0. 303 *** (0. 067)	0. 258 *** (0. 081)	0. 300 *** (0. 073)
lntpr	- 0. 201 ** (0. 095)	- 0. 522 *** (0. 129)	- 0. 197 ** (0. 089)	- 0. 336 ** (0. 137)	0. 027 (0. 081)
lnpcgdp	1. 556 *** (0. 386)	2. 638 *** (0. 507)	1. 620 *** (0. 407)	1. 836 ** (0. 651)	1. 094 *** (0. 095)
lnklr	0. 308 ** (0. 117)	- 0. 166 (0. 214)	0. 285 ** (0. 125)	0. 260 (0. 226)	0. 307 ** (0. 123)
lntt	0. 479 (0. 306)	1. 229 *** (0. 365)	0. 483 (0. 303)	0. 831 * (0. 478)	- 0. 128 (0. 222)
常数项	- 2. 587 *** (0. 238)	- 3. 107 *** (0. 224)	- 2. 589 *** (0. 224)	- 2. 964 *** (0. 269)	- 1. 707 *** (0. 116)
within R^2	0. 583	0. 706	0. 588	0. 590	0. 656
样本数	160	128	155	95	65

注：① *** 、 ** 、 * 分别表示 1% 、5% 和 10% 水平上的显著性。②括号内的数字是 Driscoll - Kraay 标准误。

2004 年开始的 GDP 收入法统计口径的变化，使劳动收入份额在 2003 年到 2004 年间下降了 6. 3 个百分点（白重恩和钱震杰，2009）。为了检验统计口径变化的影响，去除了统计口径变化后的 2007 年的样本，以其余 4 年的样本进行了稳健性估计。广泛使用的信息和通信技术（Information and Communication Technology，ICT）提高了协调地理上和组织上分散的外包活动的可能性，从而使得企业可以更紧密地承接外包订单（Yusuf et al. ，2004）。为了考虑信息和通信技术的这种影响，去除了电子及通信设备制造业，以其余 33 个行业的样本进行了稳健性估计。不同行业的生产技术特征会影响要素分配，造成要素分配份额在行业间的差异（白重恩等，2008）。本章依据杰里菲（Gereffi，1999）的划分标准，将 34 个行业分为生产者驱动型行业和购买者驱动型行业两组①，进行稳健性估计，以考察行业特征对劳动收入份额的影响。上述所有的回归结果并不改变本章的基本结论，提供了较好的稳健性检验。

第六节　外包影响劳动收入份额的具体渠道

上一部分的回归结果表明，外包与劳动收入份额之间存在显著的负相关关系，初步验证了本章提出的理论假说。本章此处将挖掘作为一种组织和治理力量的外包，在国际生产和贸易的发生过程中可以产生哪些影响收入分配的渠道，外包是如何通过这些渠道降低劳动收入份额，为本章的理论假说提供进一步的支持。

一、价格驱动与出口产品价格

全球价值链主导性企业的价格驱动，可以造成出口产品价格的下降，是外包影响国民收入分配的第一条渠道。巴赞与纳瓦斯－阿尔曼（Bazan and Navas－Aleman，2004）从质量改进、价格削减、快速供应、设计创新和新材料运用等十个方面研究了全球价值链主导性企业对发展中国家代工企业的参数要求，发现价格参数是驱动整条价值链最重要的力量。全球价值链主导性企业的价格驱动可以造成发展中国家贸易条件的恶化和"合成谬误"的困境，降低发展中国家劳动的工资，进而降低劳动收入份额。具体来说，全球价值链主导性企业为了提高整条价值链的竞争力，一方面将对价格参数的要求向下传递给发展中国家的代工企业，从而造成发展中

---

① 具体的分组情况参考附录 6。

国家贸易条件的恶化；另一方面将更多的发展中国家纳入代工体系以弱化其谈判地位，使其滑入"合成谬误"的困境；发展中国家的代工企业为了避免被排斥出外包活动和追求利润最大化，倾向将价格参数的要求进一步向下传递。考虑到发展中国家劳动相对于资本的弱势地位，压低本国劳动的工资就是发展中国家代工企业的理性选择，全球价值链主导性企业对发展中国家代工企业的价格驱动，就转化为发展中国家代工企业对本国劳动的工资驱动，使得发展中国家劳动收入份额出现相应的下降。

为了研究外包组织和治理下的价格驱动与出口产品价格之间的关系，本章建立如下的计量模型：

$$lnep = \eta_0 + \eta_1 lnos + \eta_2 lnolp + \eta_3 lnlm + \eta_4 lnklr + \omega \qquad (6-10)$$

这里，ep 是出口产品的价格指数，其余的变量分别为外包指数 os、全员劳动生产率 olp、大中型企业比重 lm 和资本劳动比率 klr，ω 为随机扰动项。本章此处的数据是包括 34 个行业和 2 年（1997 年和 2002 年）的面板数据。其中，ep 的数据来自《中国对外贸易指数 1993~2004 年》，其余变量的数据来源同表 6-1。

对于计量模型（6-10），豪斯曼检验结果拒绝了固定效应模型。采用随机效应模型的估计结果如下：

$$lnep = -0.013 - 0.007lnos + 0.018lnolp + 0.003lnlm - 0.021lnklr$$

$$(0.030) \quad (0.004) \quad (0.013) \quad (0.021) \quad (0.017)$$

$$P = 0.169 \qquad overall\ R^2 = 0.058 \qquad n = 67$$

计量模型（6-10）的回归结果表明，lnos 的系数显著为负，表明外包对出口价格存在负面影响。事实上，尽管在过去几十年中，生产环节在发展中国家得到很大程度的扩散，但全球价值链主导性企业却通过外包活动加强了对发展中国家收入和利润的压榨，其压榨的结果就是发展中国家出口产品的价格自 20 世纪 90 年代以来的不断下降（Kaplinsky，2004）。可见，价格驱动是外包影响国民收入分配的一条渠道，可以造成发展中国家贸易条件的恶化和"合成谬误"的困境，降低出口产品的价格，降低劳动的工资，进而降低劳动收入的份额。

二、低端锁定与劳动的边际产出

发达国家的低端锁定使得发展中国家难以持续提高劳动的边际产出，成为外包影响国民收入分配的第二条渠道。施米茨（Schmitz，2004）的研究表明，发展中国家加入全球价值链后，大多被发达国家低端锁定在低附加值的生产环节，只能从事加工组装的外包订单，形成了俘获与被俘获的关系。这种俘获型关系帮助发展中国家完成了较低级的工艺升级和产品升级，却阻碍了其完成更高级的功能升级和链条升级。这样，发展中国家就无法进一步通过产业升级改善资源配置的效率提高劳动的边际产出，进而提高劳动的工资及劳动收入份额。以劳动力配置为例，在全球价值链中，不同环节附加值的高低与工人的技术水平是呈正比的，研发和营销等高附加值环节一般由高技术工人承担，加工组装等低附加值环节一般由低技术工人承担。从这一意义来说，产业升级的过程就是劳动力配置结构改善——高技术工人比重的提高——的过程。那么，当发展中国家功能升级和链条升级的进程中断，无法攀升到高附加值的环节时，就可能减少对高技术工人的需求，无法通过劳动力配置结构的改善提高劳动的边际产出，最终导致劳动收入份额的下降。为了检验发达国家的低端锁定对劳动边际产出的影响，建立如下的计量模型：

$$\ln hs = \kappa_0 + \kappa_1 \ln os + \kappa_2 \ln lm + \kappa_3 \ln soe + \kappa_4 \ln klr + \psi \qquad (6-11)$$

这里，hs 是高技术工人的比重，为大中型工业企业技术开发人员与从业人员之比，其余的变量分别为外包指数 os、大中型企业比重 lm、国有企业比重 soe 和资本劳动比率 klr，ψ 为随机扰动项。此处的数据是包括 34 个行业和 4 年（1992 年、1997 年、2002 年和 2007 年）的面板数据。其中，hs 的数据来自《中国科技统计年鉴》，其余变量的数据来源同表 6-1。

对于计量模型（6-11），豪斯曼检验结果拒绝了随机效应模型①。采用固定效应模型的估计结果如下：

$$lnhs = -4.472 - 0.044lnos - 0.577lnlm + 0.119lnsoe + 0.617lnklr$$

$$(0.152) \quad (0.022) \quad (0.137) \quad (0.059) \quad (0.054)$$

$$chi2(4) = -88.21 \qquad within\ R^2 = 0.656 \qquad n = 132$$

计量模型（6-11）的回归表明，lnos 的系数显著为负，表明在控制了个体不可观测的特征之后，外包指数每提高1个百分点，高技术工人的比重就会下降0.044个百分点。可见，发达国家的低端锁定是外包影响国民收入分配的又一条渠道，可以中断发展中国家的产业升级进程和阻碍其资源配置效率的改善，降低劳动的边际产出，对劳动的工资和劳动收入份额产生负面作用。

三、世界劳动市场的一体化与劳动的需求弹性

外包组织和治理下的劳动市场的一体化，增加了劳动的需求弹性，成为外包影响国民收入分配的第三条渠道。外包在组织和协调发展中国家通过承接外包订单的方式融入国际生产和贸易体系的同时，也使发展中国家的劳动进入世界市场，加深了世界劳动市场的一体化的程度，特别是发展中国家承担的是全球价值链中劳动密集型环节所带来的外包订单，其劳动市场的一体化程度就更深。哈里根与巴拉班（Harrigan and Balaban, 1999）认为出口依存度能够较好衡量世界劳动市场一体化的程度，且对发展中国家更为有效，因为相对于发达国家，发展中国家出口的产品多为劳动密集型。在图6-2中，世界的货物出口依存度从1981年的0.166上升

---

① 豪斯曼检验的 chi2 值为负，本章将其视为正无穷接受，选择固定效应模型。理由如下：零假设下，固定效应和随机效应都一致，但随机效应更有效；在备择假设下，固定效应一致，随机效应不一致。豪斯曼检验的目的在于权衡随机效应在零假设下的更有效性和备择假设下的不一致性之间的重要程度。如果检验值为负则意味着在原假设下固定效应更有效，显然，在这种情况下，固定效应任何一方面都要比随机效应好。

到 2007 年的 0.255，发展中国家的货物出口依存度从 1981 年的 0.212 上升到 2007 年的 0.369。对于中国来说，专业化于全球价值链中劳动密集型环节所带来的外包订单，推动了自身对外贸易的迅速发展。通过对外贸易的发展，中国的劳动也实现了跨国流动，融入了世界劳动市场一体化的进程，货物出口依存度从 1981 年的 0.075 上升到 2007 年的 0.371。无论是从世界、发展中国家，还是从中国来看，世界劳动市场的一体化程度都加深了。如果政府政策和商务成本等因素发生变动，全球价值链主导性企业就可以利用世界劳动市场的高度一体化寻找"工资洼地"，重新布局外包订单。发展中国家之间为了吸引外包订单，会出现竞相降低劳工标准的逐底竞争，这样就增加了劳动的需求弹性，造成发展中国家劳动在全球价值链附加值分配中的弱势地位，使发展中国家无法利用外包发挥自身的劳动优势，提高劳动在本国国民收入中的份额。可见，世界劳动市场的一体化是外包影响国民收入分配的又一条渠道，容易触发发展中国家之间的逐底竞争，增加劳动的需求弹性，降低发展中国家劳动工资及劳动收入份额。

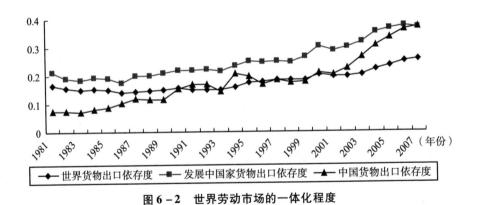

图 6 - 2　世界劳动市场的一体化程度

资料来源：联合国贸发会议数据库。

综上所述，外包可以通过价格驱动、低端锁定和世界劳动市场一体化三条渠道，造成发展中国家贸易条件的恶化和"合成谬误"的困境，产业升级进程的中断与逐底竞争，成为影响一国国民收入分配的作用机制

（见图 6-3）。加入全球价值链承接外包订单可以导致发展中国家的贫困化增长（Kaplinsky，2000），而劳动收入份额的下降，在一定程度上则是外包组织和治理下贫困化增长在国民收入分配领域中的表现。

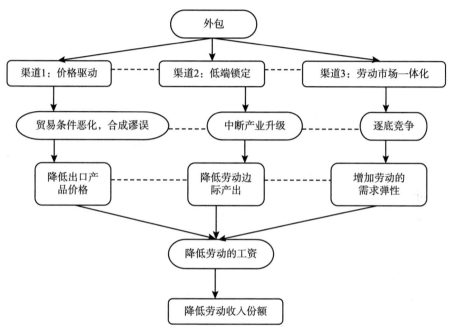

图 6-3　外包对劳动收入份额的作用机制

第七节　小　　结

20 世纪末期，在外包的组织和治理下，全球化无论是在生产、贸易还是投资等方面，都发生了深刻的变化。在此次全球化进程中，中国立足自身廉价的劳动和良好的基础设施等优势，从劳动密集型的生产环节切入全球价值链，发展成为全球最重要的外包制造平台。全球最重要的外包制造平台地位的确立，推动了中国对外贸易的高速发展。由于中国在全球价值链中承担的是劳动密集型的外包订单，依据限制性版本的斯托尔珀—萨缪尔森定理，这些生产后产品的出口，可以提高劳动的工资，进而增加其在国民收入中的份额。但中国全球最重要的外包制造平台的地位及其推动的对外贸易发展，却与中国劳动收入份额在20世纪90年代中期以来的下降趋势之间，形成了强烈反差。

本章认为外包可以通过价格驱动、低端锁定和世界劳动市场一体化三条渠道，降低发展中国家劳动的工资及其在国民收入中的份额。本章随后利用中国的行业面板数据，检验了外包对劳动收入份额负面影响的理论假说，在采用带有 Driscoll - Kraay 标准误的固定效应估计方法等稳健性回归之后，发现外包与劳动收入份额之间存在显著的负相关关系。可见，外包作为一种组织和治理力量，可以造成发展中国家贸易条件的恶化和"合成谬误"的困境，产业升级进程的中断与逐底竞争，压榨发展中国家所能分享到的劳动报酬。在开放经济条件下，中国劳动收入份额的下降，是外包组织和治理下发达国家的资本对发展中国家的劳动压榨的结果，是外包组织和治理下发展中国家贫困化增长在国民收入分配领域中的体现。

外包对中国劳动收入份额的压榨，使得本章可以重新审视传统理论。限制性版本的斯托尔珀—萨缪尔森定理表明，国际贸易会对一国的收入分配产生影响，即提高一国丰裕要素的报酬，降低一国稀缺要素的报酬。这样，若发达国家和发展中国家开展贸易，发达国家相对丰裕的资本报酬会提高，相对稀缺的劳动报酬会下降；发展中国家则相反。然而，外包作为组织和治理国际贸易的重要力量，正使目前的国际贸易格局演变为三元结构：市场型贸易、公司内贸易和协作型贸易（Schmitz，2004）。外包在推动国际贸易格局发生重大变化的过程中，一方面使同一产品不同环节在全球实现分散协作，由此导致协作型贸易的大幅增加；另一方面使发达国家可以通过外包组织与发展中国家之间表面上独立的生产与贸易活动，外包可能就成为国际贸易与收入分配之间的作用机制。

外包对中国劳动收入份额的压榨，也促使我们重新思考中国经济目前面临的诸多困境：第一，从绝对劳动工资来说，中国在全球价值链附加值分配中的弱势地位，会降低劳动的工资水平。考虑到劳动的工资收入目前是中国居民收入的重要组成部分，那么，劳动工资水平的下降将导致劳动工资占居民收入比重的下降，从而造成居民收入差距的扩大。从相对劳动工资来说，发展中国家不同技术水平的工人承担跨国生产过程的不同环节，会拉大他们之间的劳动工资的差距（Kremer and Maskin，2003），中国加入全球价值链承接外包订单，相应的就会拉大高技术工人和低技术工人之间的劳动工资的差距，最终也会造成居民收入差距的扩大。

第二，近年来中国国际收支的"双顺差"现象，在一定程度上也是外包对劳动压榨机制的体现。在外包的组织和治理下，发达国家通过外资代工企业，利用中国的劳动禀赋从事低附加值环节的生产，形成了资本项目的顺差；在随后生产的过程中，由于对劳动的压榨限制了国内需求，更多的产品再出口形成经常项目的顺差，最终产生了庞大的外汇储备。但这些外汇储备大部分又回流到发达国家的金融市场，既没有从事研发投入和品牌培育，又没有购买高级生产要素来实现产业升级。考虑到这种国际分工格局是目前全球经济失衡的重要因素（徐建炜和姚洋，2010），一旦全球经济再平衡，外包，作为一种组织和治理力量对中国的外汇储备将可能通过国际金融市场再进行一次压榨。

第三，外包对劳动的压榨机制，一般体现为全球价值链中的主导性企业压榨代工企业，代工企业再压榨劳动的传导过程。随着政府惠农政策下农业部门收入的增加，国内生活水平的提高和劳动者权利意识的增强等因素，国内工人对劳动工资的要求不断上涨。此时，代工企业就陷入了两难困境：若增加工人的劳动工资，由于很难将劳动工资上升的压力转嫁给主导性企业，只能消耗自身的代工利润，最终可能破产；若不增加工人的劳动工资，则难以雇用够足够的劳动进行生产，近年来国内频繁出现的"民工荒"就可以理解为这种两难困境的体现。可见，中国代工企业的劳资关系一定程度上是一个产业升级的问题。

第四，外包对中国劳动收入份额的挤压，会限制国内市场的发展，削弱本土企业产业升级的能力。一些发展中国家的产业升级经验表明，凭借国内市场发育而成长，然后进入区域性市场和全球市场的本土企业，往往在全球价值链中会表现出较强的功能升级与链条升级的能力（Schmitz，2004）。外包对劳动的纵向压榨机制，使中国加入全球价值链承接外包订单的劳动者难以转化为中等收入阶层，限制了国内市场的规模、成长速度和多样性。这样，本土企业就难以借助国内市场研发创新产品和培育自主品牌，攀升到全球价值链高附加值的环节。

第五，国际外包活动，已经成为经济波动的重要来源，不仅关系到一国宏观经济的平稳运行，而且关系到全球化进程的稳步推进。对于发展中国家来说，外包冲击可能造成本国经济的大幅波动，进而中断其攀升到高附加值环节的产业升级进程。中国作为全球最重要的外包制造平台，已经深度切入了国际外包体系；但是，深度切入国际外包体系，也使中国经济的平稳运行面临巨大的风险。肇始自美国的"次贷危机"从2008年后半年起，开始从美国向全球传导，最终引发了全球范围内的经济危机。中国在此次全球经济危机中也不可避免地受到了很大的冲击，经济增长、就业和进出口等方面均出现了大幅波动。因而，在当前的国际生产和贸易体系中，外包所造成的外部冲击，始终是中国经济平稳运行难以回避的挑战。

在外包的组织和治理下，发展中国家的劳动加入全球化的浪潮，立足劳动禀赋的比较优势承担生产环节，发展中国家似乎就可以提高劳动的工资，进而提高劳动在国民收入中的份额，最终通过"价值链—学习链—创新链"的传导，将劳动禀赋优势转化为支撑产业升级的高级生产要素。遗憾的是，本章的研究结果表明，外包表面上增加了对发展中国家劳动的需求，实质上是发达国家的资本压榨发展中国家的劳动的机制。在这样的机制下，发展中国家不仅难以摆脱贫困化增长的困境，而且自身的产业升级能力也被削弱。认识到这一点，对于发展中国家适时调整加入全球价值链和承接外包订单的方式，实现产业升级是极具普适性和警示性的。

第七章

外包与内资企业产业升级

第一节 中国内资企业的低端锁定

改革开放以来，通过对外贸易的迅速发展，中国确立了自身"世界加工厂"的地位，"中国制造"的产品也随之走遍全球。但中国每 1000 美元的出口所带动的国内增加值从 1995 年的 545 美元下降到 2002 年的 466 美元（Chen et al.，2008）。再以中国爆炸式增长的高技术产品出口为例，中国对美国的高技术产品出口有 95% 是加工贸易，其中绝大部分是由外资企业生产；在国内，内外资企业之间在高技术产品出口结构上的技术差距仍然十分明显；中国向美国出口的高技术产品大部分仍是高技术价值链低端的小规模产品或零部件，而中国从美国进口的产品则主要是大规模的、复杂的和高附加值的机器设备（Ferrantino et al.，2008）。这些问题与中国外贸的高速发展形成了鲜明的对比，使本章不得不重新审视国际贸易能否带来内资企业自动完成产业升级的命题。

近年来，外包作为组织和治理国际贸易的重要力量，已经使国际贸易格局演变为三元结构：市场型贸易、公司内贸易和协作型贸易（co-ordinated trade）。外包在推动国际贸易格局发生重大变化的过程中，一方面使同一产品不同环节通过外包在全球实现分散协作，并由此导致协作型贸易的大幅增加；另一方面使发达国家的主导性企业可以通过外包组织与发展中国家之间表面上独立的生产与贸易活动。事实上，中国对外贸易高速增长的动力也是来自于外包对国际贸易的组织和治理。具体来说，第一，从国外进口机器设备、原材料和半成品等，在国内加工组装后再出口，加工贸易目前已成为中国对外贸易的主要组成部分。第二，大量吸引垂直型 FDI（薛漫天和赵曙东，2007），导致外资企业的进出口比重不断上升，成为中国对外贸易的主力军（见图 7 - 1）。

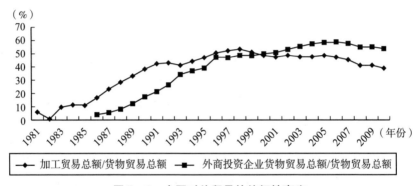

图 7 - 1　中国对外贸易的特征性事实

资料来源：历年《中国统计年鉴》和《中国商务年鉴》。

在经济全球化不断朝功能一体化和国际性分散活动协作深化的今天，越来越多的国际贸易的发生和组织将会通过外包来实现。当前国际贸易的变化不仅是贸易量的增加、更是组织方式的变化和贸易结构的多元化。鉴于这种考量，特别是考虑到外包组织和治理的贸易已经成为中国对外贸易的主要组成部分，那么，外包组织和治理的国际贸易对于内资企业的产业升级将会产生什么影响？究竟是内资企业借助外包下的贸易实现对主导性企业的升级，还是主导性企业通过外包下的贸易对内资企业进行俘获？

考虑到既有研究主要是以案例分析为主，而大国经济要求中国的产业实现整体上的升级而不仅仅是局部上的优异表现，所以本章利用中国制造业的面板数据，检验了外包组织和治理下的国际贸易对中国内资企业产业升级的影响。本章发现不管是从总量还是渠道来看，外包组织和治理下的国际贸易对内资企业的产业升级均存在抑制效应，隐藏在中国贸易量增长表象下面的外包本质上是一种主导性企业控制和俘获内资企业的力量。作为国际贸易组织和治理力量的外包，使中国的对外贸易变为被生产者驱动型和购买者驱动型价值链协同封锁，陷入进口和出口互相引致，技术和市场双重追赶的俘获型网络。

本章下面的具体结构为：第二节是通过文献综述，评述了既有的两个研究视角。第三节是分析框架和待检验假说，第四节是模型设定和变量说明，第五节利用中国制造业的面板数据对假说进行检验，第六节是结论与启示。

第二节　传统与新兴两个研究视角

本章研究的目的是国际贸易的组织和治理力量——外包对中国内资企业产业升级的影响，因此这里的文献综述将依据如下路径展开：

一、传统视角：贸易与增长

国际贸易的技术外溢作用在既有的贸易与增长的研究文献中，从出口的溢出渠道看，始终存在两种相反的观点：出口的自我筛选效应假说则认为，出口企业在出口之前都是生产率相对较高的企业，所以出口只是生产率提高的结果（Clerides et al.，1998）。出口的学习效应假说认为，出口企业可以从国外采购商及其专家获得技术支持，激烈的出口竞争也会促使其从事创新。这样，出口企业生产率的提高就成为出口的结果（Hallward-Driemeier et al.，2002）。从进口的溢出渠道看，科尔等（Coe et al.，1997）对 22 个发达国家和 77 个发展中国家数据的分析发现，发展中国家即使没有自身的研发投入，通过进口发达国家含有先进技术的中间品也可以获得国际技术的外溢。

20世纪后半期垂直专业化的兴起，推动了国际贸易的迅速发展。胡梅尔斯等（2001）利用14个国家的数据研究了垂直专业化的成长及其对国际贸易增长的影响，分析表明垂直专业化可以解释这些国家出口增长的30%。相应的从垂直专业化视角研究国际贸易的技术溢出也成为了新的热点。帕克与萨格吉（Pack and Saggi，2001）建立了一个发达国家进口中间投入的企业向发展中国家的供应商进行技术转移的模型，发现即使这种技术转移扩散到发展中国家的其他企业，由于减少了双方的边际问题，最初的发达国家的进口企业和发展中国家的供应商也都会从中受益。

垂直专业化的兴起意味着发达国家与发展中国家之间的分工体系、贸易利得和竞争优势具有更复杂的联系，而外包理论则提供了一条有别于传统视角的研究路线，它可以将外包作为国际贸易的组织和治理力量，去研究发达国家与发展中国家之间的动态关系，更好地揭示出发展中国家在国际外包体系中的相对地位和升级前景。

二、新兴视角：全球价值链与产业升级

加入全球价值链，可以帮助发展中国家融入外包组织和治理的全球分工体系，但一个不能回避的事实是发展中国家往往是从承接全球价值链中低附加值的外包订单开始融入的。这样，对发展中国家就存在一个向全球价值链高端攀升的问题，即产业升级。

杰里菲（1994）与杰里菲等（2005）认为通过全球价值链中的动态学习和创新机制，可以逐步改进发展中国家在国际分工中的地位。全球价值链有生产者驱动和购买者驱动两种类型。全球价值链中本地企业的升级，与全球价值链的形式和这种形式下的治理模式有密切的关系。一般而言，在购买者驱动的价值链中，全球性购买者出于竞争和自身利益的考虑，会鼓励下游各个层次的供应商和分包商加快工艺升级和产品升级。产

业升级的次序将会遵循"工艺升级→产品升级→功能升级→链条升级"的路径。

但是，汉弗莱与施米茨（Humphrey and Schmitz, 2000）、施米茨（2004）的研究表明，发展中国家加入全球价值链有四种方式：市场型、均衡型、俘获型和层级型，不同的方式意味着不同的升级前景。现实中，发展中国家加入全球价值链后，大多被全球大买家控制，形成俘获与被俘获的关系。这种关系帮助发展中国家较快地完成了工艺升级和产品升级，却阻碍了进一步的功能升级和链条升级，因此，不存在自动实现的升级机制。卡普林斯基与莫里斯（Kaplinsky and Morris, 2006）将嵌入全球价值链的方式分为"低端路径"和"高端路径"。低端路径是一种贫穷式增长路径，随着越来越多的发展中国家为了追求经济发展加入全球生产网络，企业面临愈发剧烈的竞争，出口或产出水平增加的同时经济活动的收益在降低；高端路径是随着加入全球价值链程度的增加，能够实现持续收入增长的路径，加入价值链的方式会影响企业持续盈利能力和潜在的升级能力。刘志彪（2007）认为加入全球价值链，是中国贸易量迅速上升的主要原因，但它并不代表可以顺利地实现本土产业的升级，中国产业升级的机遇既由其在全球价值链中的关系所决定，又由其自身的战略和创新能力所决定。

全球价值链理论可以从发展中国家的视角对产业升级问题进行深入分析。但目前的研究主要是以案例分析为主，探讨发展中国家某一产业或地方集群的升级问题。因此，本章将基于中国的行业面板数据，力求更全面地分析在外包组织治理下，国际贸易对中国内资企业产业升级的影响。

第三节　分析框架和理论假说

本章第一节的分析表明，外包已经成为中国对外贸易高速增长的重要推动力，外包组织和治理下的贸易（主要表现为加工贸易）已经成为中国对外贸易的主要组成部分。发达国家的主导性企业通过外包组织与发展中国家之间表面上独立的生产与贸易活动，在中国主要是通过以代工企业为微观主体的加工贸易模式实现的。

在外包组织和治理下的贸易中，主导性企业不仅可以通过外包组织和协调不同国家之间的国际贸易活动，而且可以介入相关企业的日常经营活动，从生产什么、如何生产、何时生产、生产数量和价格等全方位进行交流协作。本章将这种基于协作和交流的技术外溢称为外包中学，以有别于传统理论中的贸易中学。这样，外包中学的过程就成为发展中国家产业升级的过程，即工艺升级→产品升级→功能升级→链条升级。

外包组织和治理下的贸易具有"两头在外"的特征。从出口来看，为了保证自己供应链的稳定和质量，形成差别化竞争优势，主导性企业会对中国的内资企业提供各种帮助，以使其顺利嵌入购买者驱动型价值链。具体来说，对内资企业的工程师和生产人员进行技术培训，必要时委派自己的工程师到内资企业的生产线指导生产。这种基于外包组织和治理的国际贸易有效地提高了内资企业的人力资本水平；向内资企业转移改善工艺和产品质量的技术支持，甚至允许内资企业直接介入这些过程，以便转移隐性技巧和默会知识；将不同市场对产品款式和质量等方面的信息，以及发达国家对环保、劳工使用和产品安全等方面的要求，整理和设计成相应的技术参数和基准，及时传递给内资企业，从而有效地提升了其快速反应和柔性生产的能力。这些渠道都会帮助内资企业沿着"工艺升级→产品升级→功能升级→链条升级"的路径攀升。从进口来看，主要表现为从国外进口机器设备和半成品。依据杰里菲（1999）的分类，中间品和资本品的贸易属于生产者驱动的价值链。那么，中国的内资企业通过进口机器设备和半成品，就嵌入了生产者驱动的全球价值链。此时，隐含着先进技术的资本品进口，中间品多样性的增加和质量的提升，使产业升级的过程就由干中学变成全球价值链中学。这些渠道也会帮助内资企业沿着"工艺升级→产品升级→功能升级→链条升级"的路径攀升。这样有：

假说一：国际贸易可缩小内外资企业之间的差距，是国际技术外溢的有效渠道。

但进一步分析外包组织和治理下的国际贸易对内资企业产业升级的作用，却发现：

第一，国际外包体系的主导性企业为了避免技术外溢，只对中国的内资企业外包技术水平较低的生产环节，对于技术水平较高的环节，特别是关键零部件的生产，基本上是由外资企业承担。贾布尔（Jabbour，2005）的研究表明，技术领先的企业倾向于对技术密集型的投入品实行垂直一体化和在企业内部贸易，以限制技术的外溢和保护知识产权。这种技术水平越高，生产网络越封闭的贸易模式使得发达国家既利用了中国的禀赋优势，又把自身对内资企业的技术外溢控制在安全的范围内。可见，外包组织和治理下的贸易削弱了对内资企业的产业升级效应。

第二，国际外包体系的主导性企业通过外包将劳动密集型的外包订单放在中国，利用中国的廉价劳动力，进而提升自己的系统竞争力。这种系统竞争力的优势遂转化为治理国际外包体系的权力，并导致了企业职能的两极分化：外包的主导性企业的职能集中于研发与营销等附加值高的环节，并且是国际外包体系中的贸易规则的制订者和执行者；中国内资企业只是专注于加工组装，至于较高级的研发和营销等能力并不需要掌握。于是，国际外包体系的主导性企业立足于这种不对称的市场势力，集立法治理、司法治理和执法治理于一身，向内资企业推出"胡萝卜加大棒"的策略。一方面帮助内资企业实现较低级的工艺升级和产品升级；另一方面，一旦其开始从事更高级的功能升级和链条升级，就将其排斥出国际外包体系。可见，表现上平等的、独立的国际外包体系下的贸易本质是对内资企业进行锁定和俘获的非均衡网络。

第三，外包组织和治理下的贸易同时存在纵向和横向关系。国际外包体系的主导性企业和代工企业之间的纵向关系表现为扼制与反扼制、压榨与反压榨。不同代工企业之间的横向关系表现为产业集群内部的同质恶性竞争和同类产业出口竞争者进入导致利润的急剧下降。内资企业从事的加工组装环节技术含量低，进入壁垒低，受到的竞争压力大。同时，国际外包体系的主导性企业不断培养"代工后备军"，在代工企业之间引入逐底竞争，造成代工企业之间激烈的价格竞争。这种竞争导致代工利润不断稀释，并且随时面临被其竞争者取代而不可持续的风险。这样的贫困化增长路径不足以支撑内资企业向国际外包体系的研发和品牌两端延伸（Kaplinsky and Morris，2006），完成最后的功能升级和链条升级。这样有：

假说二：国际贸易背后的组织和治理力量——外包——对内资企业产业升级存在阻碍作用。

外包的组织和治理力量使得中国的进出口贸易具有双边封锁、双向引致和双重追赶的特征。中国内资企业为了实现产业升级，通过嵌入生产者驱动型价值链从国外进口先进的资本设备，然后利用低端要素禀赋从事劳动密集型环节的生产和出口，这样就又嵌入了购买者驱动型价值链。发达国家的主导性企业就可以利用自己的市场优势和技术优势，不断提高市场准入条件和技术标准，对中国进行双边封锁。这种双边封锁进而使得中国的进出口陷入引进→出口→标准提高→再引进→再出口→标准再提高的双向引致循环。联合国工业发展组织（United Nations Industrial Development Organization，2009）的研究表明，为出口生产的产品所使用的进口中间品比重大约是为国内生产的产品所使用的进口中间品比重的两倍，且出口产品所使用的进口中间品比重在全球范围内随时间不断上升。祝坤福等（2007）利用中国 2002 年的非竞争（进口）型投入产出表的计算表明，相对于加工出口对直接国内增加值的拉动来说，非加工出口及其他是加工出口效应的 1.4 倍；对完全国内增加值的拉动来说，前者是后者效应的 2.2 倍之多。这种双向引致循环的后果，一方面把自身利用要素禀赋优势积累的利润消耗殆尽，无法培育国内多层次的市场体系，从而造成了对国际市场的进一步依赖；另一方面不能带动国内装备工业的发展，形成了对国际先进技术的被动追赶（陈爱贞等，2008）。这种双重追赶反过来又为主导性企业启动下一轮双边封锁提供了基础。此时，外包中学就变成了外包中追，外包也体现为主导性企业控制和俘获内资企业的一种力量。这样有：

假说三：作为国际贸易组织和治理力量的外包，使中国的对外贸易演变为被生产者驱动型和购买者驱动型价值链协同封锁，陷入进口和出口互相引致，技术和市场双重追赶的俘获型网络。

第四节　模型设定与变量说明

一、变量选取与计量模型

为了分析外包组织和治理的贸易对中国内资企业产业升级的影响，本章以内外资企业之间的劳动生产率差距来度量内资企业的产业升级，进入计量模型作为被解释变量。人均制造业增加值被视为反映一国工业竞争力的指标（United Nations Industrial Development Organization，2002），因而，内外资企业之间劳动生产率缩小的过程，可被视为内资企业相对于外资企业产业升级的过程。对于解释变量的处理，本章基于传统的贸易与增长理论从总量和溢出渠道上考察国际贸易对技术外溢的影响，分别以贸易依存度、出口依存度和进口依存度作为计量模型的解释变量。

考虑到影响内资企业产业升级的其他因素，引入了如下四个控制变量：国有经济比重，林达尔（Lindahl，2006）的研究表明，一国的产权和种族等方面的制度环境会冲击外包的组织方式，进而对加入国际外包体系的企业的地位和升级效应产生影响。内资企业研发强度会对产业升级过程产生影响，在回归模型中引入该变量，可以反映与生产技术、新资本品投入和计算机使用等关联的技能偏向型技术变革对产业升级的效应（Ya-mashita，2008）。行业集中度，提升全球价值链的系统竞争力，要求主导性企业和代工企业形成持久的和高度信任的关系，而这种关系是建立在更少的代工企业和更高的市场集中度的基础之上的（Kaplinsky and Manning，1999；Schmitz and Knorringa，2000）。资本劳动比率，林毅夫等（1999）

指出，发展中国家只有遵循自身禀赋结构带来的比较优势进行生产和贸易，才能获得国际竞争力，随着禀赋结构和比较优势的动态变化，一国的技术和产业结构会循序升级。本章用资本劳动比率作为要素禀赋结构的代理变量，将该变量引入计量模型。于是，本章初步建立了如下的计量模型，以检验假说一：

$$tg_{jt} = \alpha_0 + \alpha_1 iti_{jt} + \alpha_2 controls_{jt} + d_j + d_t + \varepsilon_{jt} \qquad (7-1)$$

$$tg_{jt} = \beta_0 + \beta_1 exiti_{jt} + \beta_2 controls_{jt} + d_j + d_t + \omega_{jt} \qquad (7-2)$$

$$tg_{jt} = \gamma_0 + \gamma_1 imiti_{jt} + \gamma_2 controls_{jt} + d_j + d_t + \sigma_{jt} \qquad (7-3)$$

其中，下标 j 表示行业，t 表示时间。tg_{jt} 是被解释变量内外资企业劳动生产率的差距，iti_{jt} 是解释变量贸易依存度，$exiti_{jt}$ 是解释变量出口依存度，$imiti_{jt}$ 是解释变量进口依存度，$controls_{jt}$ 是四个控制变量，d_j 是行业虚拟变量，d_t 是时间虚拟变量，ε_{jt}、ω_{jt} 和 σ_{jt} 分别为三个方程的随机扰动项。

国际贸易格局的重大变化可以使本章摆脱传统的贸易与增长关系的研究路径，将外包作为国际贸易的一种组织和治理力量，揭示出在外包组织治理下的国际贸易对内资企业产业升级的效应。在此处，构建外包指数与贸易依存度、出口依存度、进口依存度的交互项，以交互项表示外包对中国对外贸易组织和治理的力量，去分析外包组织治理下的贸易对中国内资企业产业升级的效应。这样，本章将计量模型（7-1）~模型（7-3）转化为如下的计量模型，以检验假说二和假说三：

$$tg_{jt} = \alpha_0' + \alpha_1' iti_{jt} + \alpha_2' os_t \times iti_{jt} + \alpha_3' controls_{jt} + d_j + d_t + \varepsilon_{jt} \qquad (7-4)$$

$$tg_{jt} = \beta_0' + \beta_1' exiti_{jt} + \beta_2' os_t \times exiti_{jt} + \beta_3' controls_{jt} + d_j + d_t + \omega_{jt} \qquad (7-5)$$

$$tg_{jt} = \gamma_0' + \gamma_1' imiti_{jt} + \gamma_2' os_t \times imiti_{jt} + \gamma_3' controls_{jt} + d_j + d_t + \sigma_{jt} \qquad (7-6)$$

其中，os_{jt} 是外包指数。

二、变量定义

内外资企业劳动生产率之比（tg_{jt}）：行业 j 在 t 年的外资劳动生产率与内资劳动生产率之比，本章用此指标表示内资企业相对于外资企业产业升级的水平。本章用（全行业工业增加值－三资企业工业增加值）／（全行业从业人员平均人数－三资企业从业人员平均人数）来推算分行业的内资企业劳动生产率。

贸易依存度指数（iti_{jt}）：t 年行业 j 的进出口总额与该行业工业增加值之比。本章用此指标度量中国在行业层面的贸易依存度，以便从总量上考察国际贸易的产业升级效应。

出口依存度指数（$exiti_{jt}$）：t 年行业 j 的出口总额与该行业工业增加值之比。

进口依存度指数（$imiti_{jt}$）：t 年行业 j 的进口总额与该行业工业增加值之比。区分出口和进口的不同溢出渠道，不仅是传统的贸易与增长理论的技术路线，更是基于对中国对外贸易的现实考量，肖耿（2007）的研究表明，国际供应链体系对中国进口和出口的效应是不对称的。

外包指数（os_{jt}）：指出口产品中所包含的进口中间投入品的比例，用此指标度量各个行业加入国际外包体系的程度。该指数的取值范围为 0 到 1，数值越大表明某行业加入国际外包体系的程度越深，国际外包体系对某一行业对外贸易的组织治理力量越大。本章采用胡梅尔斯等（2001）和北京大学中国经济研究中心课题组（2006）提出的方法来测算 os_{jt}。令 M_{jt} 表示行业 j 在 t 年进口的中间投入，Y_{jt} 表示行业 j 在 t 年的总产出，X_{jt} 表示行业 j 在 t 年的总出口，则：$os_{jt} = \dfrac{\left(\dfrac{X_{jt}}{Y_{jt}}\right)M_{jt}}{X_{jt}} = \dfrac{M_{jt}}{Y_{jt}}$。由于只有 1997 年、2002 年和 2007 年的投入产出表，再考虑到投入产出表所反映的生产技术短期内变化比较缓慢，因此本章分别用 1997 年、2002 年和 2007 年的外包指数代替 1998 ~ 2001 年、2003 ~ 2006 年和 2008 ~ 2009 年的外包指数。

贸易依存度指数与外包指数的交互项（$os_{jt} \times iti_{jt}$）：反映作为贸易组织和治理力量的外包通过贸易依存度对中国内资企业产业升级的影响机制。

出口依存度指数与外包指数的交互项（$os_{jt} \times exiti_{jt}$）：考察在外包组织和治理下出口贸易对产业升级的影响。

进口依存度指数与外包指数的交互项（$os_{jt} \times imiti_{jt}$），考察在外包组织和治理下进口贸易对产业升级的影响。

国有经济比重（soe_{jt}）：t 年行业 j 的国有企业产品销售收入/该行业全部产品销售收入。本章用此指标度量各个行业的产权结构，以反映中国的制度环境。

内资研发人员比例（$rdpd_{jt}$）：t 年行业 j 的内资企业研发人员人数/内资企业职工人数。由于《中国科技统计年鉴》没有分行业的内资企业研发人员人数，用（（全部）科技活动人员—（三资）科技活动人员）/（（全部）年末从业人员—（三资）年末从业人员）来推算。本章用此指标来测度内资企业的研发强度。

行业集中度（lm_{jt}）：若以本章数据的 2 位数代码的国民经济行业分类标准来计算行业集中度，则对市场边界的界定就会过于模糊。因此，本章采用大中型企业产品销售收入占全行业的比重来测度行业的竞争程度（陈勇和李小平，2007）。即，t 年行业 j 的大中型企业产品销售收入/该行业全部产品销售收入。

资本劳动比率（klr_{jt}）：t 年行业 j 的固定资产净值年平均余额/该行业全部从业人员年平均人数。本章用此指标度量行业的要素禀赋结构。

行业虚拟变量（idv）：不同行业的差异所蕴含的技术异质性会对国际技术溢出产生影响（Keller，2002）。因此，本章依据拉尔（2000）的分类，把资源性产品和低技术制成品所属的行业设为 0，中技术和高技术制成品所属的行业设为 1。

时间虚拟变量（tdv）：新版《国民经济行业分类》国家标准（GB/T4754 – 2002）从 2003 年开始实施，对本章的样本产生了一定的影响，本章为此从 2003 年开始引入时间虚拟变量。

三、数据说明

本章采用的进出口数据来自联合国贸发大会数据库，外包数据来自

1997 年投入产出表、2002 年投入产出表和 2007 年投入产出表，内资企业研发数据来自历年《中国科技统计年鉴》，其余数据来自历年《中国统计年鉴》。单位是美元的数据，依据当年的官方汇率换算成人民币。平减指数采用的是固定资产投资价格指数，以 1997 年为基期。官方汇率和价格指数也来自《中国统计年鉴》。

为了统一口径，将 1997 年投入产出表 124 个部门、2002 年投入产出表 122 个部门、2007 年投入产出表 135 个部门、《中国统计年鉴》的行业分类与联合国贸发大会数据库的产品分类进行了归类合并，其中《中国统计年鉴》的行业分类是依据《国民经济行业分类》两位数分类法进行的，联合国贸发大会数据库产品分类是依据国际贸易标准分类（SITC 第二版）进行的。合并后的 27 个行业为：食品加工制造业、饮料制造业、烟草加工业、纺织业、服装及其他纤维制品制造、皮革毛皮羽绒及其制品业、木材加工及竹藤棕草制品业、家具制造业、造纸及纸制品业、印刷业记录媒介的复制、文教体育用品制造业、石油加工及炼焦业、化学原料及制品制造业、医药制造业、化学纤维制造业、橡胶制品业、塑料制品业、非金属矿物制品业、黑色金属冶炼及压延加工业、有色金属冶炼及压延加工业、金属制品业、普通机械制造业、专用设备制造业、交通运输设备制造业、电气机械及器材制造业、电子及通信设备制造业、仪器仪表文化办公用机械。最终，形成了包括 27 个行业，1998～2009 年的面板数据。

第五节　模型检验和实证分析

一、回归方法

在面板数据模型中，固定效应模型假定个体不可观测的特征与解释变量相关；随机效应模型则假定个体不可观测的特征与解释变量不相关，本章此处利用豪斯曼检验在二者之间进行筛选。

分析解释变量和控制变量对内资企业产业升级的影响时，必须考虑的问题是：内资企业产业升级的水平也可能影响解释变量和控制变量。为了避免这些内生性问题对回归结果的有偏影响，本章以解释变量和控制变量的滞后一期作为它们各自的工具变量，采用两阶段最小二乘法进行回归，然后，通过豪斯曼检验对工具变量法和它们的固定效应模型（或随机效应模型）进行取舍（检验结果见表7-1的最后一行）。

表7-1　　　　　　计量模型（7-1）~（7-6）的回归结果

	（1）IVRE	（2）IVFE	（3）RE	（4）IVRE	（5）IVFE	（6）IVRE
iti	-0.016 (0.037)			-0.114* (0.061)		
exiti		-0.082 (0.108)			-0.311** (0.150)	
imiti			-0.058* (0.033)			-0.177** (0.085)
os×iti				0.125* (0.065)		
os×exiti					0.358** (0.178)	
os×imiti						0.234** (0.111)
soe	1.797*** (0.391)	2.921*** (0.462)	2.447*** (0.368)	1.869*** (0.403)	3.192*** (0.510)	2.604*** (0.626)
rdpd	-7.063** (3.380)	-5.455 (4.405)	-9.574*** (2.916)	-6.377* (3.511)	-4.316 (4.665)	-11.837* (6.982)
lm	-0.280 (0.519)	-0.958** (0.596)	-0.707* (0.392)	-0.627 (0.562)	-1.684** (0.735)	-1.182 (0.817)

续表

	（1）IVRE	（2）IVFE	（3）RE	（4）IVRE	（5）IVFE	（6）IVRE
klr	－0.018** （0.008）	－0.013 （0.012）	－0.007 （0.009）	－0.020** （0.008）	－0.011 （0.012）	－0.023 （0.016）
idv	有	有	有	有	有	有
tdv	有	有	有	有	有	有
within R^2	0.553	0.593	0.562	0.523	0.553	0.485
between R^2	0.100	0.040	0.154	0.157	0.108	0.099
overall R^2	0.196	0.122	0.231	0.237	0.172	0.172
豪斯曼检验 P 值	0.000	0.005	0.138	0.0000	0.001	0.002

注：①***、**、*分别表示1%、5%和10%水平上的显著性。②括号内的数据是系数的标准误。③IVFE（或 IVRE）的豪斯曼检验的零假设是 IVFE（或 IVRE）与 FE（或 RE）的估计系数无系统性差异。

二、回归结果和分析

本章此处的回归分析将遵循如下的研究路径展开：第一，首先从传统的贸易与增长理论出发，从总量和进出口渠道方面分析国际贸易对产业升级的作用，检验假说一。第二，考虑外包对国际贸易格局的重大影响，引入外包与贸易依存度之间的交互项，从总量上分析国际贸易在外包组织治理下对产业升级的作用，检验假说二。第三，分别引入外包与出口依存度和进出依存度之间的交互项，从渠道上分析出口贸易和进口贸易在外包组织和治理下对产业升级的作用，检验假说三。第四，对控制变量的回归结果进行简要的分析。

1. 传统的贸易与增长理论和产业升级

依据表7-1的方程（1）的回归结果，iti 的系数为负，说明中国的对外贸易对缩小内外资企业之间的劳动生产率差距有促进作用，国际贸易的技术外溢效应是存在的。再从具体的溢出渠道来分析，表7-1中方程

（2）的 exiti 系数和方程（3）的 imiti 系数均为负。这表明出口和进口贸易对缩小内外资企业之间的劳动生产率差距有促进作用，是国际技术外溢的有效渠道，假说一基本得证。遗憾的是，只有方程（3）的系数通过了显著性水平检验。

上面的分析表明，中国的内资企业可以借助外包组织和治理的贸易实现产业升级。正如本章第一部分所指，中国外贸在带动国内增加值和提高附加值等方面的挑战使得本章不得不重新审视贸易能否带来内资企业自动升级的命题。考虑到外包组织和治理的贸易近年来已经成为改变世界贸易格局的重要力量，且外包下的贸易也成为中国对外贸易的主要组成部分，为此要深入探讨外包组织和治理下的贸易对中国内资企业产业升级的效应，就有必要将外包这一变量引入本章的分析。

2. 外包组织和治理下的贸易与产业升级

本章上面的实证结果支持内资企业可以借助外包组织和治理的贸易实现产业升级，但中国外贸在带动国内增加值和提高附加值等方面的挑战、内资企业产业升级对主导性企业的冲击，使本章不得不对这一乐观结果产生怀疑。为此，本章此处将外包作为一种组织和治理国际贸易的力量引入计量模型，分析外包对内资企业产业升级的影响，在回归方程中依次添加交互项 $os_{jt} \times iti_{jt}$、$os_{jt} \times exiti_{jt}$ 和 $os_{jt} \times imiti_{jt}$。

表 7-1 中的方程（4），存在交互项的 iti_{jt} 系数的绝对值比不存在交互项的 iti_{jt} 系数的绝对值要大很多，并且显著性水平也得到了提高，说明方程（Ⅳ）忽略了贸易依存度对内资企业产业升级的非线性影响，即贸易的组织和治理力量——外包通过国际贸易对内资企业产业升级的影响确实是存在的。在表 7-1 中的方程（4）中，$os_{jt} \times iti_{jt}$ 的系数是正的，并且通过了 10% 的显著性水平检验，表明外包组织治理下的贸易与内资企业产业升级负相关，即加入国际外包体系程度越高，国际贸易的产业升级效应就越小。这一结论说明传统的贸易与增长理论忽略了国际外包体系对内资企业产业升级的抑制效应，对通过国际贸易的途径来实现内资企业的产业

升级有点乐观。在中国贸易急剧增长的表象下，隐藏着外包这样一种组织和治理的力量，可以对内资企业产业升级产生抑制效应，假说二得证。

3. 外包组织和治理下进出口贸易的互动效应分析

现在来分析外包对不同溢出渠道的影响。在表 7 - 1 的方程（5）和方程（6）中，引入交互项的 $exiti_{jt}$ 和 $imiti_{jt}$ 系数的绝对值均比不存在交互项的 $exiti_{jt}$ 和 $imiti_{jt}$ 系数的绝对值要大很多，并且通过了显著性水平检验。这说明在表 7 - 1 中的方程（2）和方程（3）中没有考虑到出口依存度、进口依存度对内资企业产业升级的非线性效应，即作为贸易组织和治理力量的外包会通过出口贸易和进口贸易对内资企业的产业升级产生影响。在表 7 - 1 的方程（5）和方程（6）中，$os_{jt} \times exiti_{jt}$ 和 $os_{jt} \times imiti_{jt}$ 的系数为正的，并且通过了 5% 的显著性水平检验。这说明，不管是从出口还是进口的角度来看，加入国际外包体系程度越高，出口和进口贸易的产业升级效应越小，假说三得证。

4. 控制变量的回归结果分析

依据既有的研究文献，结合数据的可得性，本章控制了四个可能对产业升级产生影响的变量。第一个是国有经济比重。中国既是世界上规模最大的转轨国家，也深度地切入了国际外包体系，制度环境所产生的路径依赖对内资企业产业升级的影响就需要在模型中控制。本章以国有经济比重作为产权结构的代理变量。表 7 - 1 的回归结果显示，国有比重的系数为正，并且都通过了 1% 的显著性水平检验，表明国有产权不利于内资企业的产业升级。

本章分析的第二个变量是内资研发人员比例。在表 7 - 1 的方程中，内资研发人员比例的回归系数为负，只是在方程（2）和（5）中没有通过显著性水平检验。不过，仍然可以从总体上判定，在表 7 - 1 中，内资研发人员比例的回归系数显著为负，表明加强内资企业的研发强度可以促进产业升级。

本章考虑的下一个变量是行业集中度。从表7-1来看，行业集中度的系数为负，表明行业集中度的提高对内资企业产业升级有促进作用，遗憾的是回归系数仅在部分方程中通过了显著性水平检验。

最后一个变量是资本劳动比率。在表7-1中，资本劳动比率的系数均为负。在表7-1包括交互项的方程中，资本劳动比率的回归系数只是在方程（4）中是显著的；值得指出的是，本章发现引入该变量并不能掩盖外包组织和治理下的贸易——交互项对产业升级的负面影响。可见，传统的贸易与增长理论忽略了当今国际贸易格局变化背后的组织治理力量——外包对技术外溢的影响，一旦加入外包这一被遗漏的变量，则要素禀赋结构的提升并不意味着内资企业自动的产业升级。

经过上面分析可知，外包组织和治理下的贸易，对中国内资企业的产业升级不管是从总量还是进出口渠道来看，都存在阻碍效应。而作为一种组织和治理力量的外包却使其主导性企业有效地解决了如下权衡：既要帮助代工企业完成工艺升级和产品升级以确保自己供应体系的稳定和质量；又要阻碍其功能升级和链条升级，将自身与代工企业的技术外溢限制在安全的范围内。可见，外包组织和治理的贸易对发达国家是技术外溢的合理屏障，对发展中国家是"胡萝卜加大棒"的两难困境。在中国贸易增加量的表象下，隐藏着外包这样一种特殊力量，可以对内资企业产业升级产生不可忽视的抑制效应。在外包的组织和治理下，中国"两头在外"的贸易模式，已经成为被生产者驱动型和购买者驱动型价值链协同封锁，陷入进口和出口互相引致，技术和市场双重追赶的俘获型网络。

第六节 小 结

国际贸易的技术外溢作用在内生经济增长理论文献中，始终聚焦于国际贸易对发展中国家有没有溢出效应。外包组织和治理下的贸易的主导性企业为了提升自身的竞争优势会帮助发展中国家，此时技术外溢的效应是显然的。但对于发展中国家来说重要的不是有没有溢出，而是这种溢出能否帮助发展中国家最终完成产业升级。鉴于外包组织和治理下的贸易已经成为推动世界贸易格局变动的主要力量之一，已经成为中国对外贸易的主要组成部分，研究贸易格局变动背后的组织和治理力量——外包对发展中国家产业升级的效应，就成为本章的主旨。

遗憾的是，本章以中国 1998～2009 年制造业面板数据的实证研究表明，目前外包组织和治理下的贸易，对内资企业的产业升级不管是从总量还是进出口渠道来看，都存在阻碍效应，隐藏在中国贸易量增长表象下面的外包则体现为主导性企业控制和俘获内资企业的一种力量。作为国际贸易组织和治理力量的外包，使中国的对外贸易变为被生产者驱动型和购买者驱动型价值链协同封锁，陷入进口和出口互相引致，技术和市场双重追赶的俘获型网络。这就意味着中国若不加强在国际外包体系中的产业升级强度，将可能被长期锁定在这种俘获型网络之中。

中国对外开放的原因之一就是与国际技术前沿和创新体系建立联系，通过技术外溢低成本地实现产业升级。既有的理论研究和经验事实也在相当程度上支持了国际贸易作为技术外溢途径的作用。但过去几十年中出现的通过外包整合全球资源的方式，已从根本上改变了世界经济运行的机制。具体到国际贸易领域，外包不仅仅是组织和治理贸易的力量，更是控制和俘获发展中国家的网络。因此，深刻认识外包的组织和治理力量对发展中国家产业升级的影响并如何加强在国际外包体系中的产业升级强度，就值得今后进一步的研究。

第八章

总结与启示

　　本书立足全球价值链的视角，从发展中国家的立场出发，分析了外包对经济波动、区域协调发展、国民收入分配和产业升级等的经济效应与传导机制，最终可总结为如下的启示性的结论：

　　第一，外包作为一种组织和治理力量，已对当今的国际经济体系产生了深刻的影响，表现为外包引致的中间品贸易，导致国际贸易的结构和增速发生重大变化；外包组织治理下的国际生产和贸易体系从制造业拓展到服务业，导致服务外包的迅速发展；外包通过降低贸易壁垒，引发了发展中国家之间的激烈竞争，导致国际贸易的分布始终集中在少数国家和地区；外包组织治理下的区域性生产网络，促进了区域内贸易的发展；国际外包体系的治理主体多元化，导致了国际贸易环境变得更加复杂；外包的"乘数"机制，放大了国际生产和贸易体系遭受各种冲击的风险。对于中国来说，通过承接全球价值链中的低附加值外包订单，使得对外贸易成为推动中国经济增长的重要引擎；但中国始终面临着如何攀升到全球价值链中高附加值环节，最终实现产业升级的巨大挑战。

　　第二，在宏观经济学的世界中，经济波动是由外生的随机冲击造成的。而如何认识和分析冲击的来源，是理解经济波动机制的基础。本书认为，随着越来越多的国家加入外包组织和治理下的国际分工体系，外包冲击已经成为一国经济波动的重要驱动力，成为经济周期跨国传导的重要驱动力，成为影响全球经济波动的重要驱动力。对于发展中国家来说，外包冲击可能造成本国经济的大幅波动，进而中断其攀升到高附加值环节的赶超进程。正是从这一意义上说，实现产业升级与降低经济波动同样重要；或者降低经济波动本身就是发展中国家产业升级的一个方面。

第三，开放经济条件下的地区差距研究是一个重大的命题。究竟是一国率先开放的地区带动还是阻碍国内其他地区的发展，不仅关系到一国不同地区之间的协调发展；更关系到一国能否有效整合国内资源，提升本国的国际竞争力。本书认为，外包主导下的国际生产和贸易体系不仅在发达国家和发展中国家之间形成了"中心—外围"的格局，而且在发展中国家率先加入国际外包体系的地区与其他地区之间也形成了"中心—外围"的格局。进一步，这两个"中心—外围"的格局演化为互相嵌套的食物链，即发达国家占据国际外包体系的高附加值环节，发展中国家率先加入国际外包体系的地区从事低附加值的外包订单，发展中国家其他地区则沦为低端要素的供应地。为打破两个"中心—外围"的格局，发展中国家率先加入国际外包体系的地区，就需要通过发展国内外包体系整合国内资源来助推产业升级；反过来，发展中国家率先加入国际外包体系的地区可以将自身积累的先进技术、管理经验和市场信息等传递给本国其他地区，延长国际外包体系在国内的环节，缩小地区差距。可见，发展中国家在开放经济条件下打破两个"中心—外围"格局本质上是区域率先发展和区域协调发展之间良性互动的问题，是国际外包体系和国内外包体系之间良性互动的问题，是全球价值链和国内价值链之间良性互动的问题，是对外开放和对内开放之间良性互动的问题，是国外市场一体化和国内市场一体化之间良性互动的问题，是中国经济再平衡与世界经济再平衡之间良性互动的问题。

第四，传统的国际贸易理论——限制性版本的斯托尔珀—萨缪尔森定理——表明，国际贸易会提高一国丰裕要素的报酬，降低一国稀缺要素的报酬。如果上述命题成立，那么，对于发展中国家来说，若与发达国家开展贸易，本国相对丰裕的劳动报酬会提高。这样，发展中国家就可以通过将本国过剩的劳动力配置到对外贸易活动中，获得相应的劳动报酬，在提高劳动占国民收入份额的同时，为本国经济的可持续发展积累资本和技术等要素。但外包组织和治理下的贸易，却可以通过价格驱动、低端锁定和世界劳动力市场一体化三条渠道，降低发展中国家劳动力的报酬及其在国民收入中的份额。可见，外包在推动国际贸易格局发生重大变化的过程中，使得发达国家可以通过外包组织与发展中国家之间表面上独立的生产与贸易活动，外包由此就成为国际贸易与收入分配之间的作用机制。国际外包体系实质上是发达国家的资本压榨发展中国家的劳动的机制。发展中国家劳动收入份额的下降，则是外包组织治理下发展中国家贫困化增长在国民收入分配领域中的表现。

第五，国际技术外溢效应，可能是发展中国家追赶国际技术前沿的有效途径。但对于发展中国家来说，不仅要实现经济增长，更要实现战略赶超。这样，发展中国家的内资企业能否通过国际生产与贸易体系获得技术外溢，就是至关重要的。遗憾的是外包对发展中国家的内资企业的产业升级不管是从总量还是进出口渠道来看，都存在阻碍效应，隐藏在贸易量增长表象下面的国际外包体系则体现为发达国家主导性企业控制和俘获发展中国家内资企业的一种力量。事实上，过去几十年中出现的通过外包整合全球资源的方式，已从根本上改变了世界经济运行的机制，外包不仅成为组织和治理贸易的力量，更成为控制和俘获发展中国家的网络。清醒地认识到这一点，应该是发展中国家的内资企业实现产业升级的起点。

外包组织和治理下的国际经济体系在世界范围内迅速发展的同时，中国抓住机遇，顺应潮流，通过承接全球价值链中的低附加值环节，也迅速成长为贸易大国，进而使得外贸成为推动"中国奇迹"的重要引擎。目前，中国经济正处在一个新的十字路口，如何从发展中国家的视角评价外包对中国的经济效应与传导机制，进而提升中国在国际外包体系中的分工地位，不仅关系到中国外贸国际竞争力的增强，关系到中国经济增长方式的调整，而且关系到发展中国家战略赶超的前景，关系到世界经济的再平衡。正是基于此点，本书从经济波动、区域协调发展、国民收入分配和产业升级等方面，全面系统地论证和挖掘了外包的经济效应与传导机制，希望能对外包理论的发展与完善有所裨益，希望能对发展中国家的战略赶超有所裨益，希望能对中国经济发展方式的转换有所裨益。

附录 1　行业划分标准

依据拉尔（Lall，2000）的标准，将 SITC 第二版中不同技术水平的产品与国民经济两位码行业分类标准进行对照归类，最终将初级产品所属的行业（煤炭采选业、石油和天然气开采业、非金属矿采选业），资源型产品所属的行业（黑色金属矿采选业、有色金属矿采选业、食品加工制造业、饮料制造业、烟草加工业、木材加工及竹藤棕草制品业、石油加工及炼焦业、橡胶制品业、非金属矿物制品业、电力蒸汽热水生产供应业、煤气生产和供应业、自来水的生产和供应业）和低技术产品所属的行业（纺织业、服装及其他纤维制品制造、皮革毛皮羽绒及其制品业、家具制造业、造纸及纸制品业、印刷业记录媒介的复制、文教体育用品制造业、金属制品业），称为低技术行业；将中技术产品所属的行业（化学原料及制品制造业、化学纤维制造业、塑料制品业、黑色金属冶炼及压延加工业、有色金属冶炼及压延加工业、机械工业、交通运输设备制造业）和高技术产品所属的行业（医药制造业、电气机械及器材制造业、电子及通信设备制造业、仪器仪表文化办公用机械），称为中高技术行业。

附录 2 稳健性检验

附录 2.1 计量模型（4-4）的稳健性检验

附表 2 - 1   计量模型（4-4）的回归结果——大中型企业比重

	（Ⅰ）FE	（Ⅱ）FE	（Ⅲ）FE	（Ⅳ）FE	（Ⅴ）RE
	全样本	D - K 标准误	去除直辖市	宽口径	去除广东省
eios×大中型企业比重	1.384 (0.898)	1.384 (0.933)	1.189 (0.964)	1.377 (0.895)	0.937 (0.736)
tfp	-0.251 (0.839)	-0.251 (0.685)	-0.235 (1.070)	-0.251 (0.839)	0.295 (0.797)
gdpd	-0.422 (0.467)	-0.422 (0.512)	-0.745 (0.528)	-0.427 (0.466)	1.864 (1.322)
fdv	-1.231*** (0.272)	-1.231*** (0.305)	-1.664*** (0.351)	-1.231*** (0.272)	-0.810*** (0.181)
hi	2.116* (1.091)	2.116** (0.849)	2.627** (1.244)	2.117* (1.091)	0.457 (0.677)
fdi	0.825 (3.516)	0.825 (2.595)	1.577 (4.814)	0.802 (3.517)	-0.730 (3.260)
pdv	是	是	是	是	是
tdv	是	是	是	是	是
within R^2	0.141	0.141	0.153	0.141	0.130
between R^2	0.021		0.0001	0.021	0.066

续表

	（Ⅰ）FE	（Ⅱ）FE	（Ⅲ）FE	（Ⅳ）FE	（Ⅴ）RE
	全样本	D－K标准误	去除直辖市	宽口径	去除广东省
overall R^2	0.053		0.032	0.053	0.087
豪斯曼检验P值	0.003		0.001	0.002	0.264
Pesaran CD Test P值		0.009			
样本数	300	300	260	300	290

注：同表4－2。

附表2－2　　　计量模型（4－4）的回归结果——小型企业比重

	（Ⅰ）FE	（Ⅱ）FE	（Ⅲ）FE	（Ⅳ）FE	（Ⅴ）FE
	全样本	D－K标准误	去除直辖市	宽口径	去除广东省
eios×小型企业比重	3.181 * （1.709）	3.181 （3.195）	2.621 （1.843）	3.097 * （1.692）	3.324 * （1.861）
tfp	－0.219 （0.838）	－0.219 （0.594）	－0.185 （1.071）	－0.223 （0.838）	0.203 （0.797）
gdpd	－0.625 （0.442）	－0.625 （0.427）	－0.940 * （0.496）	－0.632 （0.442）	1.071 （1.341）
fdv	－1.228 *** （0.272）	－1.228 *** （0.239）	－1.650 *** （0.352）	－1.230 *** （0.272）	－1.004 *** （0.246）
hi	2.629 ** （1.047）	2.629 *** （0.773）	3.117 *** （1.182）	2.629 ** （1.047）	1.507 （0.941）
fdi	－1.292 （3.751）	－1.292 （3.538）	－0.434 （5.072）	－1.276 （3.756）	－2.234 （4.034）
pdv	是	是	是	是	是
tdv	是	是	是	是	是
within R^2	0.144	0.144	0.155	0.144	0.133
between R^2	0.024		0.0001	0.024	0.040
overall R^2	0.053		0.030	0.053	0.068

续表

	（Ⅰ）FE	（Ⅱ）FE	（Ⅲ）FE	（Ⅳ）FE	（Ⅴ）FE
	全样本	D-K 标准误	去除直辖市	宽口径	去除广东省
豪斯曼检验 P 值	0.000		0.000	0.000	0.000
Pesaran CD Test P 值		0.013			
样本数	300	300	260	300	290

注：同表 4-2。

附表 2-3　　计量模型（4-4）的回归结果——内资企业比重

	（Ⅰ）RE	（Ⅱ）FE	（Ⅲ）RE	（Ⅳ）RE	（Ⅴ）RE
	全样本	D-K 标准误	去除直辖市	宽口径	去除广东省
eios×内资企业比重	0.944 (0.590)	1.746 ** (0.727)	0.952 (0.634)	0.934 (0.587)	0.914 (0.597)
tfp	0.619 (0.810)	-0.141 (0.617)	0.732 (1.044)	0.618 (0.810)	0.609 (0.830)
gdpd	0.335 (0.402)	-0.289 (0.499)	0.089 (0.455)	0.330 (0.401)	0.275 (0.410)
fdv	-0.797 *** (0.189)	-1.226 *** (0.275)	-1.196 *** (0.285)	-0.797 *** (0.189)	-0.803 *** (0.193)
hi	0.482 (0.728)	2.211 ** (0.837)	0.600 (0.839)	0.487 (0.727)	0.503 (0.756)
fdi	0.158 (2.971)	-0.108 (2.369)	0.523 (4.012)	0.153 (2.973)	-0.365 (3.215)
pdv	是	是	是	是	是
tdv	是	是	是	是	是
within R^2	0.137	0.155	0.149	0.137	0.133
between R^2	0.045		0.007	0.045	0.046
overall R^2	0.080		0.061	0.080	0.076
豪斯曼检验 P 值	0.088		0.075	0.089	0.091
Pesaran CD Test P 值		0.014			
样本数	300	300	260	300	290

注：同表 4-2。

附表 2 - 4　　　计量模型（4 - 4）的回归结果——外资企业比重

	（Ⅰ）FE	（Ⅱ）FE	（Ⅲ）RE	（Ⅳ）FE	（Ⅴ）FE
	全样本	D - K 标准误	去除直辖市	宽口径	去除广东省
eios × 外资企业比重	4.012 * （2.283）	4.012 *** （1.379）	1.857 （1.288）	3.933 * （2.258）	4.802 * （2.494）
tfp	-0.106 （0.789）	-0.106 （0.643）	0.457 （1.007）	-0.103 （0.789）	-0.025 （0.803）
gdpd	1.494 （1.331）	1.494 （1.460）	1.455 （1.472）	1.485 （1.330）	1.289 （1.342）
fdv	-1.045 *** （0.241）	-1.045 *** （0.266）	-1.123 *** （0.265）	-1.046 *** （0.241）	-1.038 *** （0.245）
hi	0.744 （0.944）	0.744 （0.913）	0.357 （0.750）	0.750 （0.943）	0.588 （0.966）
fdi	-1.629 （3.721）	-1.629 （2.266）	-0.818 （4.235）	-1.634 （3.725）	-2.314 （4.000）
pdv	是	是	是	是	是
tdv	是	是	是	是	是
within R^2	0.135	0.135	0.132	0.134	0.132
between R^2	0.056		0.063	0.057	0.043
overall R^2	0.071		0.095	0.071	0.064
豪斯曼检验 P 值	0.006		0.168	0.007	0.003
Pesaran CD Test P 值		0.002			
样本数	300	300	260	300	290

注：同表 4 - 2。

附表 2 - 5　　计量模型（4 - 4）的回归结果——低技术行业比重

	（Ⅰ）RE	（Ⅱ）FE	（Ⅲ）FE	（Ⅳ）FE	（Ⅴ）RE
	全样本	D - K 标准误	去除直辖市	宽口径	去除广东省
eios × 低技术行业比重	2.117 ** (1.023)	3.442 ** (1.396)	3.079 ** (1.333)	3.401 *** (1.239)	2.051 * (1.074)
tfp	0.637 (0.808)	- 0.064 (0.573)	0.024 (1.070)	- 0.066 (0.835)	0.644 (0.828)
gdpd	0.304 (0.393)	- 0.280 (0.487)	- 0.587 (0.519)	- 0.293 (0.457)	0.264 (0.404)
fdv	- 0.744 *** (0.194)	- 1.136 *** (0.251)	- 1.555 *** (0.353)	- 1.138 *** (0.273)	- 0.746 *** (0.199)
hi	0.616 (0.722)	2.052 ** (0.848)	2.480 ** (1.204)	2.058 * (1.056)	0.577 (0.752)
fdi	- 0.521 (3.019)	- 1.073 (2.375)	- 0.660 (4.893)	- 1.106 (3.575)	- 0.751 (3.237)
pdv	是	是	是	是	是
tdv	是	是	是	是	是
within R^2	0.143	0.157	0.167	0.157	0.138
between R^2	0.051		0.001	0.017	0.050
overall R^2	0.084		0.033	0.054	0.079
豪斯曼检验 P 值	1.000		chi2(7) = - 9.50	chi2(7) = - 0.19	0.997
Pesaran CD Test P 值		0.009			
样本数	300	300	260	300	290

注：同表 4 - 3。

附表2-6　计量模型（4-4）的回归结果——中高技术行业比重

	（Ⅰ）FE	（Ⅱ）FE	（Ⅲ）FE	（Ⅳ）FE	（Ⅴ）FE
	全样本	D-K标准误	去除直辖市	宽口径	去除广东省
eios×中高技术行业比重	2.073 (1.509)	2.073 (2.086)	1.672 (1.670)	2.034 (1.499)	2.453 (1.527)
tfp	-0.300 (0.839)	-0.300 (0.658)	-0.265 (1.071)	-0.302 (0.839)	-0.296 (0.857)
gdpd	-0.506 (0.455)	-0.506 (0.528)	-0.835* (0.514)	-0.513 (0.455)	-0.547 (0.462)
fdv	-1.263*** (0.272)	-1.263*** (0.283)	-1.690*** (0.351)	-1.263*** (0.272)	-1.292*** (0.277)
hi	2.244** (1.078)	2.244** (1.040)	2.789** (1.2254)	2.249** (1.078)	2.144* (1.107)
fdi	0.298 (3.574)	0.298 (2.955)	1.262 (4.853)	0.282 (3.578)	-1.662 (3.973)
pdv	是	是	是	是	是
tdv	是	是	是	是	是
within R^2	0.139	0.139	0.151	0.139	0.138
between R^2	0.022		0.000	0.022	0.01
overall R^2	0.051		0.032	0.051	0.047
豪斯曼检验P值	0.004		0.000	0.004	0.000
Pesaran CD Test P值		0.016			
样本数	300	300	260	300	290

注：同表4-2。

附录2.2　计量模型（4-7）~模型（4-10）的稳健性检验

附表 2 - 7　　　　　　　计量模型（4 - 7）的稳健性检验

	（Ⅰ）FE	（Ⅱ）FE	（Ⅲ）FE	（Ⅳ）FE	（Ⅴ）FE
	全样本	D - K 标准误	去除直辖市	宽口径	去除广东省
eios	0.685 ** （0.297）	0.685 *** （0.115）	0.710 ** （0.319）	0.611 ** （0.295）	0.702 ** （0.294）
tfp	- 0.088 （0.339）	- 0.088 （0.305）	- 0.056 （0.432）	- 0.093 （0.340）	- 0.112 （0.341）
gdpd	- 0.162 （0.186）	- 0.162 （0.196）	- 0.272 （0.210）	- 0.178 （0.186）	- 0.160 （0.187）
fdv	- 0.520 *** （0.110）	- 0.520 *** （0.055）	- 0.603 *** （0.142）	- 0.523 *** （0.110）	- 0.478 *** （0.111）
hi	1.814 *** （0.433）	1.814 *** （0.521）	2.095 *** （0.491）	1.837 *** （0.434）	1.950 *** （0.440）
fdi	- 2.525 * （1.453）	- 2.525 *** （0.879）	- 5.123 *** （1.969）	- 2.463 * （1.457）	- 0.883 （1.574）
pdv	是	是	是	是	是
tdv	是	是	是	是	是
within R^2	0.234	0.237	0.257	0.234	0.214
between R^2	0.095		0.194	0.092	0.092
overall R^2	0.000		0.006	0.000	0.001
豪斯曼检验 P 值	0.000		0.000	0.000	0.000
Pesaran CD Test P 值		0.057			
样本数	300	300	260	300	290

注：同表 4 - 2。

附表 2 − 8　　　　　　　　计量模型（4 − 8）的稳健性检验

	（Ⅰ）FE	（Ⅱ）FE	（Ⅲ）FE	（Ⅳ）FE	（Ⅴ）FE
	全样本	D − K 标准误	去除直辖市	宽口径	去除广东省
eios	1. 788 ** （0. 850）	1. 788 *** （0. 630）	1. 932 ** （0. 892）	1. 725 ** （0. 845）	1. 827 ** （0. 864）
tfp	− 0. 169 （0. 971）	− 0. 169 （0. 784）	0. 236 （1. 209）	− 0. 1744 （0. 971）	− 0. 179 （1. 003）
gdpd	1. 736 *** （0. 533）	1. 736 *** （0. 582）	1. 827 *** （0. 586）	1. 717 *** （0. 532）	1. 729 *** （0. 549）
fdv	− 1. 451 *** （0. 315）	− 1. 451 *** （0. 206）	− 1. 088 *** （0. 396）	− 1. 453 *** （0. 315）	− 1. 375 *** （0. 325）
hi	1. 218 （1. 241）	1. 218 （1. 288）	1. 490 （1. 375）	1. 236 （1. 242）	1. 389 （1. 292）
fdi	− 13. 716 *** （4. 161）	− 13. 716 *** （2. 201）	− 19. 377 *** （5. 508）	− 13. 705 *** （4. 168）	− 11. 436 ** （4. 626）
pdv	是	是	是	是	是
tdv	是	是	是	是	是
within R^2	0. 327	0. 327	0. 322	0. 326	0. 295
between R^2	0. 116		0. 007	0. 118	0. 110
overall R^2	0. 007		0. 073	0. 007	0. 005
豪斯曼检验 P 值	0. 007		chi2（7）= − 5. 24	0. 007	0. 031
Pesaran CD Test P 值		0. 009			
样本数	300	300	260	300	290

注：同表 4 − 3。

附表 2 - 9　　　　　　　　计量模型（4 - 9）的稳健性检验

	（Ⅰ）FE	（Ⅱ）FE	（Ⅲ）RE	（Ⅳ）FE	（Ⅴ）FE
	全样本	D - K 标准误	去除直辖市	宽口径	去除广东省
eios	1.813 (1.433)	1.813* (0.950)	2.171* (1.178)	1.752 (1.423)	1.754 (1.454)
tfp	0.466 (1.636)	0.466 (1.366)	0.830 (1.966)	0.460 (1.636)	0.507 (1.700)
gdpd	2.663*** (0.899)	2.663*** (0.875)	2.823*** (0.858)	2.644*** (0.897)	2.685*** (0.927)
fdv	-1.663*** (0.531)	-1.663*** (0.480)	-0.425 (0.567)	-1.665*** (0.531)	-1.686*** (0.550)
hi	2.040 (2.093)	2.040 (1.663)	2.001 (1.712)	2.058 (2.093)	1.828 (2.189)
fdi	-4.831 (7.014)	-4.831 (3.840)	-6.171 (8.096)	-4.823 (7.024)	-5.096 (7.843)
pdv	是	是	是	是	是
tdv	是	是	是	是	是
within R^2	0.228	0.228	0.194	0.228	0.221
between R^2	0.229		0.086	0.233	0.241
overall R^2	0.001		0.145	0.001	0.000
豪斯曼检验 P 值	0.005		0.367	0.005	0.004
Pesaran CD Test P 值		0.000			
样本数	300	300	260	300	290

注：同表 4 - 2。

附表 2 - 10　　　　　　计量模型（4 - 10）的稳健性检验

	（Ⅰ）FE	（Ⅱ）FE	（Ⅲ）RE	（Ⅳ）FE	（Ⅴ）FE
	全样本	D - K 标准误	去除直辖市	宽口径	去除广东省
eios	- 0. 323 (0. 928)	- 0. 323 (0. 426)	- 1. 049 (0. 817)	- 0. 346 (0. 924)	- 0. 329 (0. 948)
tfp	1. 538 (1. 016)	1. 538 (1. 335)	1. 833 (1. 290)	1. 539 (1. 016)	1. 537 (1. 055)
gdpd	- 0. 970 (1. 741)	- 0. 970 (2. 142)	- 2. 226 (1. 912)	- 0. 973 (1. 740)	- 0. 920 (1. 780)
fdv	1. 784 *** (0. 314)	1. 784 *** (0. 373)	0. 951 *** (0. 364)	1. 784 *** (0. 314)	1. 779 *** (0. 324)
hi	- 2. 403 ** (1. 21)	- 2. 403 (1. 487)	- 2. 576 ** (1. 087)	- 2. 398 ** (1. 209)	- 2. 425 * (1. 251)
fdi	7. 154 (4. 720)	7. 154 *** (2. 581)	8. 550 (5. 662)	7. 192 (4. 726)	7. 298 (5. 278)
pdv	是	是	是	是	是
tdv	是	是	是	是	是
within R^2	0. 212	0. 212	0. 178	0. 213	0. 197
between R^2	0. 260		0. 012	0. 259	0. 264
overall R^2	0. 025		0. 075	0. 025	0. 031
豪斯曼检验 P 值	0. 000		0. 144	0. 000	0. 000
Pesaran CD Test P 值		0. 000			
样本数	300	300	260	300	290

注：同表 4 - 2。

附录 3　国际外包指数与国内外包指数的推导过程

采用胡梅尔斯等（2001）和北京大学中国经济研究中心课题组（2006）提出的方法对跨国生产分割程度进行测度，记为垂直专业化指数（vertical specialization index，vsi）。考虑到垂直专业化理论和外包理论，都是以同一产品不同工序的空间布局跨国配置为基础的，只是研究的视角和侧重点不同，所以本章此处以垂直专业化指数作为切入国际外包体系程度的度量。具体推导如下：

假设经济中有 n 个行业（或部门），M_i 表示行业 i 进口的中间投入，Y_i 表示行业 i 的产出，X_i 表示行业 i 的出口，则行业 i 出口额中包含的进口中间投入，即行业 i 垂直专业化的数量为：

$$vs_i = \left(\frac{M_i}{Y_i}\right)X_i = \left(\frac{X_i}{Y_i}\right)M_i \qquad （附3-1）$$

行业 i 出口额中包含的进口中间投入的比重，即行业 i 的垂直专业化比重为：

$$vsi_i = \frac{\left(\frac{X_i}{Y_i}\right)M_i}{X_i} = \frac{M_i}{Y_i} \qquad （附3-2）$$

各个行业出口额中的进口中间投入比重为，即各行业整体的垂直专业化比重为：

$$vsi = \frac{vs}{X} = \frac{\sum_i vs_i}{\sum_i X_i} = \frac{\sum_i \left(\frac{vs_i}{X_i}\right)X_i}{\sum_i X_i} = \sum_i \left[\left(\frac{X_i}{X_k}\right)\left(\frac{vs_i}{X_i}\right)\right] \quad （附3-3）$$

其中，$X_k = \sum_i X_i$，表示各行业的出口总和。

将式（附3-1）代入式（附3-3），可得：

$$vsi = \frac{\sum_i vs_i}{X_k} = \frac{1}{X}\sum_{i=1}^n \left(\frac{M_i}{Y_i}\right)X_i = \frac{1}{X}\sum_{i=1}^n \frac{X_i}{Y_i}\left(\sum_{j=1}^n M_{ji}\right) = \frac{1}{X}\sum_{i=1}^n \sum_{j=1}^n \frac{X_i}{Y_i}M_{ji}$$

$$= \frac{1}{X}\sum_{j=1}^n \sum_{i=1}^n \frac{X_i}{Y_i}M_{ij} = \frac{1}{X}uA^M X^V \qquad\qquad （附3-4）$$

其中，M_{ji} 为 i 行业从别国 j 行业进口的中间投入，u 为 $1\times n$ 维元素为 1 的向量，A^M 为 $n\times n$ 维进口系数矩阵，是对进口的中间产品的依存系数矩阵，X^V 为 $n\times 1$ 维出口向量。

若引入完全系数矩阵，则有：

$$vsi = \frac{1}{X}uA^M(I-A^D)^{-1}X^V \qquad\qquad （附3-5）$$

其中，A^D 为国内消耗系数矩阵。$A^D + A^M = A$，A 是投入产出表中的直接消耗系数矩阵。$(I-A^D)^{-1}$ 为列昂惕夫逆矩阵，表示各行业进口的中间投入成为最终出口品之前，在第2，第3，……，第 n 阶段体现在国内产出上的一种直接和间接的循环累积效应。因此，公式（附3-5）表明了商品在出口之前在国内各行业的循环，反映了国民经济各行业之间直接和间接的技术经济联系。值得指出的是，依据公式（附3-3）和（附3-4）计算出的整体的外包指数相同，与公式（附3-5）计算出的整体的外包指数则不同。

现在，需要通过 M_{ji} 来确定进口系数矩阵。如果使用的投入产出表属于竞争型投入产出表，就没有区分进口中间投入和国内中间投入。因此，需要两点假设：第一，各行业使用的 i 行业的中间投入中，进口的中间投入的比例在各个行业间是相同的；第二，中间投入中进口的与国内生产的比例等于最终产品中进口的与国内生产的比例。

令 C_i^m 和 C_i^d 分别表示在 i 行业的最终产品中进口和国内生产的数量，I_i^m 和 I_i^d 分别表示在 i 行业的中间投入中进口和国内生产的数量，依据上述两个假设，有：

$$\frac{C_i^m}{C_i^d} = \frac{I_i^m}{I_i^d} = \frac{C_i^m + I_i^m}{C_i^d + I_i^d} \Rightarrow \frac{I_i^m}{I_i^m + I_i^d} = \frac{C_i^m + I_i^m}{C_i^d + I_i^d + C_i^m + I_i^m} \qquad （附3-6）$$

即 i 行业提供的中间投入中来自进口所占的比例等于 i 行业的总进口与（总产值 + 进口 - 出口）之比。

利用投入产出表的数据，式（附3-6）的比例可以写为：进口/（总产出 + 进口 - 出口）。计算每个行业的这个比例，然后用投入产出表的直接消耗系数矩阵 A 的每行乘以相同的比例就可以得到进口系数矩阵 A^M。求得进口系数矩阵 A^M，就可以代入公式（附3-4）和（附3-5）进行计算。再用比例（进口/（总产出 + 进口 - 出口））乘以各行业的中间投入，就可以得到 M_i，将 M_i 代入公式（附3-1）、（附3-2）和（附3-3）就可计算出所需指数。

通过上面的推导，可以发现外包指数具有三重含义：第一，对一国整体的和各行业的垂直专业化程度的测量；第二，由于该指数的计算利用了各行业来自国外的中间投入，所以该指数也可以反映本国对国外的产业关联效应；第三，公式（附3-5）使用了列昂惕夫逆矩阵，所以该指数也可以反映来自国外的中间投入在成为最终的出口品之前在国内国民经济各行业之间直接和间接的技术经济联系。

若计算外包指数采用的是一国对世界的进出口数据，则该指数表示的是一国相对于世界的切入国际外包体系的程度，记为一国的国际外包水平，其经济学含义为出口额中的进口中间投入的比重；若采用的是一国对另一国的进出口数据，则该指数表示的是一国相对于另一国的切入国际外包体系的程度，记为一国的双边外包水平，其经济学含义为一国出口额中的来自另一国进口中间投入的比重。其具体计算过程为：该进口国的 A^M 矩阵的定义和总进口的 A^M 矩阵的定义还是一样的，此时，只要将该进口国各行业的进口额占世界各行业的进口额的比重计算出来，再分别乘以

A^M 矩阵。这样，就可以依据上面的公式来计算相关的双边外包水平。

对于一国的地区投入产出表来说，若采用的是该地区对世界的进出口数据，则该指数表示的是该地区相对于世界的切入国际外包体系的程度，记为一国某一地区的国际外包水平；若采用的是该地区对一国其他地区的调入调出数据，则该指数表示的是该地区相对于一国其他地区的切入国内外包体系的程度，记为一国某一地区的国内外包水平。具体说来，一国的投入产出表从行模型来看存在如下的关系：中间使用合计 + 最终使用合计（最终消费 + 资本形成总额 + 出口）− 进口 = 总产出；而一国的地区投入产出表从行来看存在如下的关系：中间使用合计 + 最终使用合计（最终消费 + 资本形成总额 + 出口 + 地区间调出）− 进口 − 地区间调入 = 总产出。这样，对于一国的地区投入产出表，由于该地区与其他地区（本国之外与国内其他地区）的联系包括"进出口"和"地区间调出入"两类。如果将进口与地区间调入合并，出口与地区间调出合并，那么，就可以将一国的投入产出表理解为一国地区投入产出表的特例。因而，在计算外包指数时，比例相应的就变为（进口 + 调入)/（总产出 + 进口 + 调入 − 出口 − 调出）。然后用投入产出表的直接消耗系数矩阵 A 的每行乘以相同的比例就可以得到进口和调入系数矩阵 A^{M+I}。此时，若采用的是该地区对世界的进出口数据，就用各行业的 [进口/（进口 + 调入）] 来乘以进口和调入系数矩阵 A^{M+I}，则最终计算出的是该地区相对于世界的切入外包体系的程度，记为一国某一地区的国际外包水平，其经济学含义为（出口和调出）总额中的来自世界的进口中间投入的比重；若采用的是该地区对一国其他地区的调出入数据，就用各行业的 [调入/（进口 + 调入）] 来乘以进口和调入系数矩阵 A^{M+I}，则最终计算出的是该地区相对于一国其他地区的切入外包体系的程度，记为一国某一地区的国内外包水平，其经济学含义为（出口和调出）总额中的来自国内其他地区的中间投入的比重。

附录 4　中国八大区域的国际外包指数与国内外包指数

附表 4－1

中国八大区域的国际外包指数

指数 行业	东北区域		京津区域		北部沿海区域		东部沿海区域		南部沿海区域		中部区域		西北区域		西南区域	
	数值	排序	数值	排序	数值	排序	数值	排序	数值	排序	数值	排序	数值	排序	数值	排序
农业	0.0038	22	0.0622	18	0.0104	19	0.0096	23	0.0155	22	0.0014	21	0.0038	16	0.0006	22
煤炭采选业	0.0020	23	0.0214	22	0.0039	23	0.0278	18	0.0048	25	0.0010	23	0.0000	24	0.0002	24
石油和天然气开采业	0.0434	10	0.1651	11	0.0671	4	0.1763	5	0.3481	6	0.0998	2	0.0002	23	0.0071	15
金属矿采选业	0.0195	14	0.4131	4	0.0401	12	0.3177	2	0.2859	9	0.0646	3	0.0962	4	0.0576	2
非金属矿采选业	0.0112	16	0.4963	2	0.0595	5	0.1081	10	0.0627	18	0.0242	11	0.0160	14	0.0073	14
食品制造及烟草加工业	0.0139	15	0.1007	16	0.0328	17	0.0478	16	0.0837	16	0.0093	16	0.0209	11	0.0047	17
纺织业	0.0450	9	0.3970	5	0.0356	15	0.0643	15	0.3384	7	0.0149	15	0.0393	10	0.0141	9
服装皮革羽绒等纤维制品业	0.0527	6	0.1046	15	0.0369	14	0.0358	17	0.2719	10	0.0215	12	0.0493	6	0.0273	7

指数 行业	东北区域		京津区域		北部沿海区域		东部沿海区域		南部沿海区域		中部区域		西北区域		西南区域	
	数值	排序	数值	排序	数值	排序	数值	排序	数值	排序	数值	排序	数值	排序	数值	排序
木材加工及家具制造业	0.0089	18	0.1103	13	0.0480	10	0.1122	9	0.1316	15	0.0076	17	0.0184	12	0.0050	16
造纸印刷及文教用品制造业	0.0285	13	0.1279	12	0.0331	16	0.0919	11	0.2271	11	0.0159	14	0.0433	9	0.0125	11
石油加工及炼焦业	0.0558	5	0.0399	19	0.0544	8	0.1966	4	0.4540	5	0.0592	4	0.0004	21	0.0381	4
化学工业	0.0784	3	0.1058	14	0.0373	13	0.1214	8	0.3306	8	0.0287	8	0.0486	7	0.0125	10
非金属矿物制品业	0.0106	17	0.0977	17	0.0122	18	0.0107	22	0.0160	21	0.0014	20	0.0002	22	0.0012	20
金属冶炼及压延加工业	0.0431	12	0.1925	10	0.0554	7	0.1481	7	0.5222	3	0.0403	7	0.1231	2	0.0123	12
金属制品业	0.0514	7	0.2004	8	0.0784	2	0.0735	13	0.0217	20	0.0195	13	0.0137	15	0.0173	8
机械工业	0.0434	11	0.3427	6	0.0538	9	0.1572	6	0.4790	4	0.0439	6	0.1065	3	0.0608	1
交通运输设备制造业	0.0781	4	0.1937	9	0.0711	3	0.0648	14	0.1520	14	0.0251	10	0.0834	5	0.0491	3
电气机械及器材制造业	0.0496	8	0.2023	7	0.0457	11	0.0770	12	0.1539	13	0.0265	9	0.0164	13	0.0119	13
电子及通信设备制造业	0.2380	1	0.5070	1	0.0978	1	0.2073	3	0.7048	2	0.1169	1	0.0434	8	0.0318	5
仪器仪表文化办公机械制造业	0.0867	2	0.4752	3	0.0562	6	0.4485	1	1.0215	1	0.0575	5	0.3904	1	0.0278	6
机械设备修理业	0.0000	26	0.0000	26	0.0000	26	0.0000	26	0.0000	27	0.0000	26	0.0000	26	0.0000	26
其他制造业	0.0040	21	0.0329	20	0.0083	20	0.0119	21	0.1818	12	0.0013	22	0.0036	17	0.0008	21
废品及废料	0.0000	26	0.0000	26	0.0000	26	0.0000	26	0.0000	27	0.0000	26	0.0000	26	0.0000	26
电力及蒸汽热水生产和供应业	0.0000	25	0.0001	25	0.0000	25	0.0000	25	0.0065	23	0.0000	25	0.0000	25	0.0000	25
煤气生产和供应业	0.0000	26	0.0000	26	0.0000	26	0.0000	26	0.0000	26	0.0000	26	0.0000	26	0.0000	26

续表

指数 行业	东北区域 数值	东北区域 排序	京津区域 数值	京津区域 排序	北部沿海区域 数值	北部沿海区域 排序	东部沿海区域 数值	东部沿海区域 排序	南部沿海区域 数值	南部沿海区域 排序	中部区域 数值	中部区域 排序	西北区域 数值	西北区域 排序	西南区域 数值	西南区域 排序
自来水的生产和供应业	0.0000	26	0.0000	26	0.0000	26	0.0000	26	0.0000	27	0.0000	26	0.0000	26	0.0000	26
建筑业	0.0012	24	0.0044	24	0.0009	24	0.0026	24	0.0050	24	0.0004	24	0.0005	20	0.0003	23
货物运输及仓储业	0.0048	20	0.0227	21	0.0059	21	0.0223	19	0.0760	17	0.0018	19	0.0017	19	0.0016	18
商业	0.0000	26	0.0000	26	0.0000	26	0.0000	26	0.0000	27	0.0000	26	0.0000	26	0.0000	26
其他服务业	0.0077	19	0.0114	23	0.0044	22	0.0146	20	0.0274	19	0.0020	18	0.0026	18	0.0015	19
基于公式附 3 – 4 的 inos	0.0363	肆	0.1779	贰	0.0294	伍	0.0797	叁	0.2342	壹	0.0162	柒	0.0204	陆	0.0096	捌
基于公式附 3 – 5 的 inos	0.0708	肆	0.2645	贰	0.0560	伍	0.1465	叁	0.2957	壹	0.0288	柒	0.0307	陆	0.0180	捌
均值	0.0327	伍	0.1476	贰	0.0317	陆	0.0849	叁	0.1974	壹	0.0228	柒	0.0374	肆	0.0134	捌
标准差	0.0472		0.1643		0.0284		0.1046		0.2455		0.0304		0.0754		0.0179	
标准差/均值	1.4434	贰	1.1131	柒	0.8959	捌	1.2320	陆	1.2437	伍	1.3333	肆	2.0160	壹	1.3358	叁

附表 4 – 2　中国八大区域的区域间外包指数

指数 行业	东北区域 数值	东北区域 排序	京津区域 数值	京津区域 排序	北部沿海区域 数值	北部沿海区域 排序	东部沿海区域 数值	东部沿海区域 排序	南部沿海区域 数值	南部沿海区域 排序	中部区域 数值	中部区域 排序	西北区域 数值	西北区域 排序	西南区域 数值	西南区域 排序
农业	0.0219	28	0.0379	22	0.0233	28	0.0246	25	0.0203	28	0.0159	29	0.0289	27	0.0119	30
煤炭采选业	0.0478	21	0.0205	28	0.1309	5	0.0281	24	0.0286	26	0.0650	19	0.0796	21	0.0497	24

续表

指数 行业	东北区域		京津区域		北部沿海区域		东部沿海区域		南部沿海区域		中部区域		西北区域		西南区域	
	数值	排序	数值	排序	数值	排序	数值	排序	数值	排序	数值	排序	数值	排序	数值	排序
石油和天然气开采业	0.0112	29	0.0255	26	0.0297	27	0.0019	29	0.0333	23	0.0293	26	0.0147	29	0.0597	23
金属矿采选业	0.0592	18	0.0525	18	0.0600	22	0.0169	28	0.0322	25	0.0636	20	0.0817	19	0.0681	18
非金属矿采选业	0.0399	23	0.0144	29	0.1231	9	0.0928	16	0.0568	21	0.0892	13	0.1010	17	0.0919	11
食品制造及烟草加工业	0.0724	10	0.1479	3	0.0622	21	0.0905	17	0.1029	17	0.0510	23	0.0812	20	0.0410	25
纺织业	0.1020	4	0.1276	6	0.0705	18	0.0870	18	0.1068	16	0.0717	18	0.1438	10	0.1108	6
服装皮革羽绒等纤维制品业	0.1343	2	0.1139	10	0.0938	15	0.1273	10	0.3133	3	0.1280	10	0.1924	4	0.1792	2
木材加工及家具制造业	0.0674	13	0.1703	2	0.1286	6	0.2248	3	0.2041	5	0.0759	17	0.1372	11	0.0699	16
造纸印刷及文教用品制造业	0.0755	7	0.0514	19	0.0724	17	0.0740	20	0.1373	10	0.0766	15	0.1196	13	0.0870	13
石油加工及炼焦业	0.0606	17	0.1232	8	0.2451	3	0.3164	2	0.1700	8	0.2957	2	0.1502	7	0.1996	1
化学工业	0.0734	9	0.1343	5	0.0991	14	0.1094	12	0.1182	13	0.1339	8	0.1324	12	0.0981	9
非金属矿物制品业	0.0573	19	0.0967	12	0.0896	16	0.1292	9	0.1183	12	0.0799	14	0.0863	18	0.0767	14
金属冶炼及压延加工业	0.1181	3	0.2109	1	0.2985	1	0.2193	4	0.1957	6	0.3231	1	0.3546	1	0.1404	4
金属制品业	0.0898	6	0.1392	4	0.1152	10	0.1563	5	0.2296	4	0.1262	11	0.1013	16	0.0896	12
机械工业	0.0702	12	0.0423	21	0.0699	19	0.0956	15	0.0692	20	0.1328	9	0.1482	9	0.0963	10
交通运输设备制造业	0.0720	11	0.0695	16	0.1104	11	0.1084	13	0.1144	15	0.1482	6	0.1725	6	0.1016	8
电气机械及器材制造业	0.0925	5	0.0841	14	0.1057	13	0.1421	7	0.1772	7	0.1604	5	0.2261	3	0.1113	5
电子及通信设备制造业	0.2160	1	0.0468	20	0.2171	4	0.1216	11	0.1516	9	0.2635	3	0.1896	5	0.1541	3

续表

指数 行业	东北区域 数值	排序	京津区域 数值	排序	北部沿海区域 数值	排序	东部沿海区域 数值	排序	南部沿海区域 数值	排序	中部区域 数值	排序	西北区域 数值	排序	西南区域 数值	排序
仪器仪表文化办公机械制造业	0.0608	16	0.0321	24	0.1100	12	0.0831	19	0.4324	1	0.1391	7	0.0789	22	0.1083	7
机械设备修理业	0.0620	14	0.0727	15	0.1239	8	0.0640	21	0.0726	19	0.1253	12	0.1490	8	0.0636	21
其他制造业	0.0285	25	0.1159	9	0.1241	7	0.1459	6	0.1277	11	0.0761	16	0.1124	15	0.0660	20
废品及废料	0.0000	30	0.0000	30	0.0000	30	0.0000	30	0.0025	30	0.0000	30	0.0000	30	0.0665	19
电力及蒸汽热水生产和供应业	0.0742	8	0.0360	23	0.0442	25	0.1411	8	0.1145	14	0.0446	25	0.0444	25	0.0408	26
煤气生产和供应业	0.0611	15	0.0977	13	0.2885	2	0.4315	1	0.4228	2	0.2302	4	0.2303	2	0.0619	22
自来水的生产和供应业	0.0304	24	0.1237	7	0.0475	23	0.0357	23	0.0201	29	0.0454	24	0.0259	28	0.0377	27
建筑业	0.0452	22	0.1039	11	0.0630	20	0.0997	14	0.0975	18	0.0520	22	0.1126	14	0.0712	15
货物运输及仓储业	0.0249	26	0.0666	17	0.0472	24	0.0525	22	0.0493	22	0.0612	21	0.0570	24	0.0691	17
商业	0.0243	27	0.0304	25	0.0371	26	0.0207	27	0.0282	27	0.0278	27	0.0763	23	0.0179	29
其他服务业	0.0492	20	0.0208	27	0.0154	29	0.0241	26	0.0328	24	0.0246	28	0.0414	26	0.0244	28
基于公式附3-4的iros	0.0587	捌	0.0839	伍	0.0831	陆	0.1017	贰	0.1136	壹	0.0891	肆	0.0920	叁	0.0653	柒
基于公式附3-5的iros	0.1237	捌	0.1375	陆	0.1610	叁	0.1938	壹	0.1564	肆	0.1702	贰	0.1494	伍	0.1251	陆
均值	0.0647	捌	0.0803	柒	0.1015	伍	0.1088	叁	0.1260	壹	0.1052	肆	0.1156	贰	0.0822	陆
标准差	0.0415		0.0524		0.0746		0.0935		0.1092		0.0817		0.0750		0.0441	
标准差/均值	0.6414	柒	0.6526	伍	0.7350	肆	0.8594	贰	0.8667	壹	0.7766	叁	0.6488	陆	0.5365	捌

附表4-3　中国八大区域的区域内外包指数

指数 行业	东北区域		京津区域		北部沿海区域		东部沿海区域		南部沿海区域		中部区域		西北区域		西南区域	
	数值	排序	数值	排序	数值	排序	数值	排序	数值	排序	数值	排序	数值	排序	数值	排序
农业	0.3712	27	0.3414	20	0.3712	25	0.3982	21	0.3232	16	0.3420	26	0.3189	25	0.3106	30
煤炭采选业	0.4751	22	0.2076	25	0.4906	19	0.3668	23	0.3622	15	0.4087	22	0.3723	19	0.4333	25
石油和天然气开采业	0.1905	29	0.1092	28	0.2432	29	0.0327	29	0.0114	27	0.2346	29	0.1789	28	0.3907	28
金属矿采选业	0.5897	12	0.1984	27	0.5361	17	0.1752	28	0.2126	22	0.4481	21	0.4546	9	0.4954	19
非金属矿采选业	0.4292	24	0.0782	29	0.4586	20	0.3301	25	0.2932	18	0.4845	19	0.3290	23	0.4595	22
食品制造及烟草加工业	0.6547	1	0.5459	3	0.6341	6	0.6068	5	0.5721	2	0.6877	1	0.5967	3	0.5811	9
纺织业	0.6195	8	0.2073	26	0.6664	4	0.6314	3	0.2482	20	0.6665	2	0.5289	4	0.6726	1
服装皮革羽绒等纤维制品业	0.5614	16	0.5449	4	0.6693	3	0.6403	2	0.1562	24	0.6059	7	0.3873	16	0.4571	23
木材加工及家具制造业	0.5386	17	0.3794	19	0.5759	9	0.4290	18	0.4341	11	0.5834	10	0.4379	11	0.6153	2
造纸印刷及文教用品制造业	0.5846	14	0.4109	16	0.5854	8	0.5708	7	0.3791	13	0.5932	9	0.4622	8	0.5998	4
石油加工及炼焦业	0.6264	7	0.6332	1	0.2984	27	0.1853	27	0.0496	26	0.3305	27	0.6109	2	0.4609	21
化学工业	0.5312	19	0.5035	9	0.5584	14	0.4873	14	0.2508	19	0.5696	11	0.4239	12	0.5946	8
非金属矿物制品业	0.6472	2	0.4291	13	0.5619	12	0.5439	12	0.5716	3	0.6183	5	0.5188	5	0.5669	11
金属冶炼及压延加工业	0.6349	4	0.3869	17	0.3695	26	0.4145	19	-0.0254	29	0.3879	24	0.2359	27	0.6153	3
金属制品业	0.6154	10	0.4174	14	0.5973	7	0.5123	13	0.5097	6	0.5964	8	0.3806	18	0.5984	6
机械工业	0.6293	5	0.3075	22	0.5684	11	0.4723	16	0.1697	23	0.5266	15	0.3700	20	0.5194	14
交通运输设备制造业	0.5886	13	0.5308	6	0.5645	13	0.6123	4	0.4382	10	0.5421	14	0.3067	26	0.5951	7

续表

指数 行业	东北区域 数值	排序	京津区域 数值	排序	北部沿海区域 数值	排序	东部沿海区域 数值	排序	南部沿海区域 数值	排序	中部区域 数值	排序	西北区域 数值	排序	西南区域 数值	排序
电气机械及器材制造业	0.6278	6	0.4507	12	0.5457	16	0.5618	9	0.4079	12	0.5557	12	0.4844	7	0.5731	10
电子及通信设备制造业	0.2839	28	0.2551	23	0.4262	22	0.4130	20	0.0016	28	0.2713	28	0.4011	14	0.4759	20
仪器仪表文化办公机械制造业	0.5247	20	0.2113	24	0.5509	15	0.2097	26	-0.6788	30	0.4908	18	0.0410	29	0.5172	15
机械设备修理业	0.6134	11	0.5271	8	0.7403	2	0.5613	10	0.5356	4	0.5461	13	0.3527	22	0.5126	17
其他制造业	0.3907	26	0.4150	15	0.5747	10	0.5672	8	0.2336	21	0.6311	3	0.3633	21	0.5536	12
废品及废料	0.0000	30	0.0000	30	0.0000	30	0.0000	30	0.0725	25	0.0401	30	0.0000	30	0.4982	18
电力及蒸汽热水生产和供应业	0.4896	21	0.3096	21	0.4327	21	0.3341	24	0.4601	9	0.4973	17	0.4211	13	0.4319	26
煤气生产和供应业	0.6385	3	0.5438	5	0.7604	1	0.6599	1	0.3083	17	0.6127	6	0.8134	1	0.5526	13
自来水的生产和供应业	0.5339	18	0.3848	18	0.2924	28	0.5548	11	0.5928	1	0.5213	16	0.3240	24	0.5154	16
建筑业	0.6174	9	0.5718	2	0.6377	5	0.6023	6	0.5175	5	0.6268	4	0.5156	6	0.5986	5
货物运输及仓储业	0.4248	25	0.5294	7	0.3979	23	0.3930	22	0.3628	14	0.3843	25	0.3824	17	0.3362	29
商业	0.4677	23	0.4891	10	0.5087	18	0.4791	15	0.4958	7	0.4801	20	0.4489	10	0.4412	24
其他服务业	0.5680	15	0.4556	11	0.3730	24	0.4715	17	0.4716	8	0.3951	23	0.3942	15	0.3976	27
基于公式附3-4的iaos	0.5210	伍	0.4541	伍	0.5386	叁	0.5273	肆	0.3439	捌	0.5424	贰	0.4783	陆	0.5491	壹
基于公式附3-5的iaos	1.1143	壹	0.8186	壹	1.0741	贰	1.0390	伍	0.5596	捌	1.0683	叁	0.7966	柒	1.0619	肆
均值	0.5156	壹	0.3792	壹	0.4996	叁	0.4406	伍	0.2913	捌	0.4893	肆	0.3952	陆	0.5123	贰
标准差	0.1495		0.1608		0.1598		0.1750		0.2587		0.1445		0.1568		0.0882	
标准差/均值	0.2900	柒	0.4241	贰	0.3199	伍	0.3972	叁	0.8881	壹	0.2953	陆	0.3968	肆	0.1722	捌

附表 4-4 　中国八大区域的国际外包指数与国内外包指数的比较

指数 / 行业	东北区域 数值	东北区域 排序	京津区域 数值	京津区域 排序	北部沿海区域 数值	北部沿海区域 排序	东部沿海区域 数值	东部沿海区域 排序	南部沿海区域 数值	南部沿海区域 排序	中部区域 数值	中部区域 排序	西北区域 数值	西北区域 排序	西南区域 数值	西南区域 排序
基于公式附3-4的inos/ 基于公式附3-4的iros	0.6184	肆	2.1204	壹	0.3538	伍	0.7837	叁	2.0616	贰	0.1819	柒	0.2217	陆	0.1470	捌
基于公式附3-5的inos/ 基于公式附3-5的iros	0.5724	肆	1.9236	壹	0.3478	伍	0.7559	叁	1.8907	贰	0.1692	柒	0.2055	陆	0.1439	捌
基于公式附3-4的inos/ 基于公式附3-4的iaos	0.0697	肆	0.3918	贰	0.0546	伍	0.1511	叁	0.6810	壹	0.0299	柒	0.0427	陆	0.0175	捌
基于公式附3-5的inos/ 基于公式附3-5的iaos	0.0635	肆	0.3231	贰	0.0521	伍	0.1410	叁	0.5284	壹	0.0270	柒	0.0385	陆	0.0170	捌
基于公式附3-4的iros/ 基于公式附3-4的iaos	0.1127	捌	0.1848	肆	0.1543	陆	0.1929	贰	0.3303	壹	0.1643	伍	0.1923	叁	0.1189	柒
基于公式附3-5的iros/ 基于公式附3-5的iaos	0.1110	捌	0.1680	肆	0.1499	陆	0.1865	叁	0.2795	壹	0.1593	伍	0.1875	贰	0.1178	柒
基于公式附3-5的inos/ 基于公式附3-4的inos	1.9504	壹	1.4868	柒	1.9048	贰	1.8381	肆	1.2626	捌	1.7778	伍	1.5049	陆	1.875	叁
基于公式附3-5的iros/ 基于公式附3-4的iros	2.1073	壹	1.6389	陆	1.9374	贰	1.9056	伍	1.3768	捌	1.9102	肆	1.6239	柒	1.9158	叁
基于公式附3-5的iaos/ 基于公式附3-4的iaos	2.1388	壹	1.8027	陆	1.9942	贰	1.9704	叁	1.6272	捌	1.9696	肆	1.6655	柒	1.9339	伍

附录5 行业对照表

附录5.1

本附录此处将投入产出表的部门分类与国民经济行业分类进行了归类合并，其中，1987年投入产出表为117个部门，1992年投入产出表为118个部门，1997年投入产出表为124个部门，2002年投入产出表为122个部门，2007年投入产出表为135个部门；国民经济行业分类采用的是两位数分类。

附表5-1 1987年和1992年34个行业对照

国民经济行业分类	投入产出表部门分类
煤炭采选业	煤炭开采业、煤炭洗选业
石油和天然气开采业	石油开采业、天然气开采业
黑色金属矿采选业	黑色金属矿采选业
有色金属矿采选业	有色金属矿采选业
非金属矿采选业	建筑材料及其他非金属矿采选业、采盐业
食品加工和制造业	粮油加工业、屠宰及肉类加工业、蛋品乳品加工业、水产品加工业、制糖业、其他食品制造业、饲料工业
饮料制造业	饮料酒及酒精制造业、其他饮料制造业
烟草加工业	烟草加工业
纺织业	棉纺织业、毛纺织业、麻纺织业、丝绢纺织业、针织品业、其他纺织业

国民经济行业分类	投入产出表部门分类
服装及其他纤维制品制造	缝纫业
皮革毛皮羽绒及其制品业	皮革毛皮及其制品业
木材加工及竹藤棕草制品业	锯材加工及人造板制造业
家具制造业	家具及其他木制品制造业
造纸及纸制品业	造纸及纸制品业
印刷业记录媒介的复制	印刷业
文教体育用品制造业	文教体育艺术用品制造业
石油加工及炼焦业	石油加工业、炼焦业
化学原料及制品制造业	基本化学材料制造业、化学肥料制造业、化学农药制造业、有机化学产品制造业、日用化学产品制造业、合成化学产品制造业、其他化学工业
医药制造业	医药工业
化学纤维制造业	化学纤维制造业
橡胶制品业	生产用橡胶制品业、日用橡胶制品业
塑料制品业	生产用塑料制品业、日用塑料制品业
非金属矿物制品业	水泥制造业、水泥制品和石棉水泥制造业、砖瓦石灰和轻质建筑材料制造业、玻璃及玻璃制品业、陶瓷制品业、耐火材料制品业、其他非金属矿物制品业
黑色金属冶炼及压延加工业	黑色金属冶炼及压延加工业
有色金属冶炼及压延加工业	有色金属冶炼及压延加工业
金属制品业	生产用金属制品业、日用金属制品业
机械工业	锅炉及原动机制造业、金属加工机械制造业、工业专用设备制造业、农林牧渔机械制造业、日用机械制造业、其他专用设备制造业、其他机械制造业
交通运输设备制造业	铁路运输设备制造业、汽车制造业、船舶制造业、飞机制造业、其他交通运输设备制造业
电气机械及器材制造业	电机制造业、日用电器制造业、其他电气机械及器材制造业
电子及通信设备制造业	电子计算机制造业、日用电子器具制造业、其他电子及通信设备制造业
仪器仪表文化办公用机械	仪器仪表及其他计量器具制造业
电力蒸汽热水生产供应业	电力及蒸汽热水生产和供应业
煤气生产和供应业	煤气及煤制品业
自来水的生产和供应业	自来水生产及供应业

附表 5 – 2　　　　　　　　　　　**1997 年 34 个行业对照**

国民经济行业分类	投入产出表部门分类
煤炭采选业	煤炭采选业
石油和天然气开采业	石油开采业、天然气开采业
黑色金属矿采选业	黑色金属矿采选业
有色金属矿采选业	有色金属矿采选业
非金属矿采选业	采盐业、非金属矿及其他矿采选业
食品加工和制造业	粮油及饲料加工业、制糖业、屠宰及肉类蛋类加工业、水产品加工业、其他食品加工制造业
饮料制造业	酒精及饮料酒制造业、其他饮料制造业
烟草加工业	烟草加工业
纺织业	棉纺织业、毛纺织业、麻纺织业、丝绢纺织业、针织品业、其他纺织业
服装及其他纤维制品制造	服装及其他纤维制品制造业
皮革毛皮羽绒及其制品业	皮革毛皮羽绒及其制品业
木材加工及竹藤棕草制品业	锯材加工及人造板制造业
家具制造业	家具木制品及竹藤棕草制品制造业
造纸及纸制品业	造纸及纸制品业
印刷业记录媒介的复制	印刷业记录媒介的复制业
文教体育用品制造业	文化用品制造业、玩具体育娱乐用品制造业
石油加工及炼焦业	石油加工业、炼焦业
化学原料及制品制造业	基本化学原料制造业、化学肥料制造业、化学农药制造业、有机化学产品制造业、日用化学产品制造业、其他化学产品制造业
医药制造业	医药制造业
化学纤维制造业	化学纤维制造业
橡胶制品业	橡胶制品业
塑料制品业	塑料制品业

续表

国民经济行业分类	投入产出表部门分类
非金属矿物制品业	水泥制造业、水泥制品及石棉水泥制造业、砖瓦石灰和轻质建筑材料制造业、玻璃及玻璃制品业、陶瓷制品业、耐火材料制品业、其他非金属矿物制品业
黑色金属冶炼及压延加工业	炼铁业、炼钢业、钢压延加工业、铁合金冶炼业
有色金属冶炼及压延加工业	有色金属冶炼业、有色金属压延加工业
金属制品业	金属制品业
机械工业	锅炉及原动机制造业、金属加工机械制造业、其他普通机械制造业、农林牧渔水利机械制造业、其他专用设备制造业
交通运输设备制造业	铁路运输设备制造业、汽车制造业、船舶制造业、航空航天器制造业、自行车制造业、其他交通运输设备制造业
电气机械及器材制造业	电机制造业、日用电器制造业、其他电气机械及器材制造业
电子及通信设备制造业	电子计算机制造业、日用电子器具制造业、电子元器件制造业、其他电子及通信设备制造业
仪器仪表文化办公用机械	仪器仪表制造业、文化办公用机械制造业
电力蒸汽热水生产供应业	电力生产和供应业、蒸汽热水生产和供应业
煤气生产和供应业	煤气生产和供应业
自来水的生产和供应业	自来水的生产和供应业

附表 5 - 3   **2002 年 34 个行业对照**

国民经济行业分类	投入产出表部门分类
煤炭采选业	煤炭开采和洗选业
石油和天然气开采业	石油和天然气开采业
黑色金属矿采选业	黑色金属矿采选业
有色金属矿采选业	有色金属矿采选业
非金属矿采选业	采盐业、其他非金属矿采选业
食品加工和制造业	谷物磨制业、饲料加工业、植物油加工业、制糖业、屠宰及肉类加工业、水产品加工业、其他食品加工和食品制造业
饮料制造业	酒精及饮料酒制造业、其他饮料制造业

国民经济行业分类	投入产出表部门分类
烟草加工业	烟草制品业
纺织业	棉化纤纺织及印染精加工业、毛纺织和染整精加工业、麻纺织丝绢纺织及精加工业、纺织制成品制造业、针织品编织品及其制品制造业
服装及其他纤维制品制造	纺织服装鞋帽制造业
皮革毛皮羽绒及其制品业	皮革毛皮羽毛（绒）及其制品业
木材加工及竹藤棕草制品业	木材加工及木竹藤棕草制品业
家具制造业	家具制造业
造纸及纸制品业	造纸及纸制品业
印刷业记录媒介的复制	印刷业和记录媒介的复制业
文教体育用品制造业	文化用品制造业、玩具体育娱乐用品制造业
石油加工及炼焦业	石油及核燃料加工业、炼焦业
化学原料及制品制造业	基础化学原料制造业、肥料制造业、农药制造业、涂料颜料油墨及类似产品制造业、合成材料制造业、专用化学产品制造业、日用化学产品制造业
医药制造业	医药制造业
化学纤维制造业	化学纤维制造业
橡胶制品业	橡胶制品业
塑料制品业	塑料制品业
非金属矿物制品业	水泥石灰和石膏制造业、玻璃及玻璃制品制造业、陶瓷制品制造业、耐火材料制品制造业、其他非金属矿物制品制造业
黑色金属冶炼及压延加工业	炼铁业、炼钢业、钢压延加工业、铁合金冶炼业
有色金属冶炼及压延加工业	有色金属冶炼业、有色金属压延加工业
金属制品业	金属制品业
机械工业	锅炉及原动机制造业、金属加工机械制造业、其他通用设备制造业、农林牧渔专用机械制造业、其他专用设备制造业
交通运输设备制造业	铁路运输设备制造业、汽车制造业、汽车零部件及配件制造业、船舶及浮动装置制造业、其他交通运输设备制造业
电气机械及器材制造业	电机制造业、家用器具制造业、其他电气机械及器材制造业

续表

国民经济行业分类	投入产出表部门分类
电子及通信设备制造业	通信设备制造业、电子计算机整机制造业、其他电子计算机设备制造业、电子元器件制造业、家用视听设备制造业、其他通信电子设备制造业
仪器仪表文化办公用机械	仪器仪表制造业、文化办公用机械制造业
电力蒸汽热水生产供应业	电力热力的生产和供应业
煤气生产和供应业	燃气生产和供应业
自来水的生产和供应业	自来水的生产和供应业

附表 5 – 4　　　　　　　　**2007 年 34 个行业对照**

国民经济行业分类	投入产出表部门分类
煤炭采选业	煤炭开采和洗选业
石油和天然气开采业	石油和天然气开采业
黑色金属矿采选业	黑色金属矿采选业
有色金属矿采选业	有色金属矿采选业
非金属矿采选业	非金属矿及其他矿采选业
食品加工和制造业	谷物磨制业、饲料加工业、植物油加工业、制糖业、屠宰及肉类加工业、水产品加工业、其他食品加工业、方便食品制造业、液体乳及乳制品制造业、调味品发酵制品制造业、其他食品制造业
饮料制造业	酒精及酒的制造业、软饮料及精制茶加工业
烟草加工业	烟草制品业
纺织业	棉化纤纺织及印染精加工业、毛纺织和染整精加工业、麻纺织丝绢纺织及精加工业、纺织制成品制造业针织品、编织品及其制品制造业
服装及其他纤维制品制造	纺织服装鞋帽制造业
皮革毛皮羽绒及其制品业	皮革毛皮羽毛（绒）及其制品业
木材加工及竹藤棕草制品业	木材加工及木竹藤棕草制品业
家具制造业	家具制造业

续表

国民经济行业分类	投入产出表部门分类
造纸及纸制品业	造纸及纸制品业
印刷业记录媒介的复制	印刷业和记录媒介的复制业
文教体育用品制造业	文教体育用品制造业
石油加工及炼焦业	石油及核燃料加工业、炼焦业
化学原料及制品制造业	基础化学原料制造业、肥料制造业、农药制造业、涂料油墨颜料及类似产品制造业、合成材料制造业、专用化学产品制造业、日用化学产品制造业
医药制造业	医药制造业
化学纤维制造业	化学纤维制造业
橡胶制品业	橡胶制品业
塑料制品业	塑料制品业
非金属矿物制品业	水泥石灰和石膏制造业、水泥及石膏制品制造业、砖瓦石材及其他建筑材料制造业、玻璃及玻璃制品制造业、陶瓷制品制造业、耐火材料制品制造业、石墨及其他非金属矿物制品制造业
黑色金属冶炼及压延加工业	炼铁业、炼钢业、钢压延加工业、铁合金冶炼业
有色金属冶炼及压延加工业	有色金属冶炼及合金制造业、有色金属压延加工业
金属制品业	金属制品业
机械工业	锅炉及原动机制造业、金属加工机械制造业、起重运输设备制造业、泵阀门压缩机及类似机械的制造业、其他通用设备制造业、矿山冶金建筑专用设备制造业、化工木材非金属加工专用设备制造业、农林牧渔专用机械制造业、其他专用设备制造业
交通运输设备制造业	铁路运输设备制造业、汽车制造业、船舶及浮动装置制造业、其他交通运输设备制造业
电气机械及器材制造业	电机制造业、输配电及控制设备制造业、电线电缆光缆及电工器材制造业、家用电力和非电力器具制造业、其他电气机械及器材制造业
电子及通信设备制造业	通信设备制造业、雷达及广播设备制造业、电子计算机制造业、电子元器件制造业、家用视听设备制造业、其他电子设备制造业
仪器仪表文化办公用机械	仪器仪表制造业、文化办公用机械制造业
电力蒸汽热水生产供应业	电力热力的生产和供应业
煤气生产和供应业	燃气生产和供应业
自来水的生产和供应业	自来水的生产和供应业

附录 5.2

本附录此处将国际贸易标准分类（SITC）的产品分类与国民经济行业分类进行了归类合并，其中，SITC 产品分类采用的是三位码分类；国民经济行业分类采用的是两位数分类。联合国贸发会议（UNCTAD）数据库的贸易数据依据的是 SITC 第二版。

附表 5－5　　　　　　　SITC 第二版 34 个行业对照

国民经济行业分类	SITC 产品分类
煤炭采选业	322
石油和天然气开采业	333，341
黑色金属矿采选业	281，282
有色金属矿采选业	286，287，288，289
非金属矿采选业	271，273，274，277，278
食品加工和制造业	011，012，014，022，023，024，025，034，035，036，037，042，046，047，048，054，056，058，061，062，071，073，075，081，091，098，411，423，424，431
饮料制造业	074，111，112
烟草加工业	122
纺织业	269，651，652，653，654，655，656，657，658，659
服装及其他纤维制品制造	842，843，844，845，846，847，848
皮革毛皮羽绒及其制品业	611，612，613，831，851
木材加工及竹藤棕草制品业	633，634，635
家具制造业	821
造纸及纸制品业	251，641，642
印刷业记录媒介的复制	892
文教体育用品制造业	894，895，898
石油加工及炼焦业	323，334，335
化学原料及制品制造业	233，511，512，513，514，515，516，522，523，524，531，532，533，551，553，554，562，572，591，592，598

国民经济行业分类	SITC 产品分类
医药制造业	541
化学纤维制造业	266，267
橡胶制品业	621，625，628
塑料制品业	582，583，584，585，893
非金属矿物制品业	661，662，663，664，665，666，667
黑色金属冶炼及压延加工业	671，672，673，674，675，676，677，678，679
有色金属冶炼及压延加工业	681，682，683，684，685，686，687，688，689
金属制品业	691，692，693，694，695，696，699，812
机械工业	711，712，713，714，716，718，721，722，723，724，725，726，727，728，736，737，741，742，743，744，745，749，774，872，881，882，883
交通运输设备制造业	781，782，783，784，785，786，791，792，793
电气机械及器材制造业	771，772，773，775，776，778
电子及通信设备制造业	752，761，762，763，764
仪器仪表文化办公用机械	751，759，871，873，874，884，885
电力蒸汽热水生产供应业	351
煤气生产和供应业	SITC 第二版没有相对应的产品分类
自来水的生产和供应业	SITC 第二版没有相对应的产品分类

附录6 生产者和购买者驱动型 行业的分组

　　生产者驱动型行业包括：煤炭采选业、石油和天然气开采业、黑色金属矿采选业、有色金属矿采选业、非金属矿采选业、石油加工及炼焦业、化学原料及制品制造业、医药制造业、化学纤维制造业、非金属矿物制品业、黑色金属冶炼及压延加工业、有色金属冶炼及压延加工业、金属制品业、机械工业、交通运输设备制造业、电气机械及器材制造业、电子及通信设备制造业、仪器仪表文化办公用机械、电力蒸汽热水生产供应业、煤气生产和供应业、自来水的生产和供应业。购买者驱动型行业包括：食品加工和制造业、饮料制造业、烟草加工业、纺织业、服装及其他纤维制品制造、皮革毛皮羽绒及其制品业、木材加工及竹藤棕草制品业、家具制造业、造纸及纸制品业、印刷业记录媒介的复制、文教体育用品制造业、橡胶制品业、塑料制品业。

参 考 文 献

［1］白重恩、钱震杰、武康平：《中国工业部门要素分配份额决定因素研究》，载于《经济研究》2008 年第 8 期。

［2］白重恩、钱震杰：《国民收入的要素分配：统计数据背后的故事》，载于《经济研究》2009 年第 3 期。

［3］北京大学中国经济研究中心课题组：《中国出口贸易中的垂直专门化与中美贸易》，载于《世界经济》2006 年第 5 期。

［4］陈爱贞、刘志彪、吴福象：《下游动态技术引进对装备制造业升级的市场约束》，载于《管理世界》2008 年第 2 期。

［5］陈家海：《地区工业化进程中的省际贸易格局及政策倾向》，转引自周振华《中国经济分析 1995：地区发展》，上海人民出版社 1996年版。

［6］陈建军：《长江三角洲地区的产业同构及产业定位》，载于《中国工业经济》2004 年第 2 期。

［7］陈敏、桂琦寒、陆铭、陈钊：《中国经济增长如何持续发挥规模效应？——经济开放与国内商品市场分割的实证研究》，载于《经济学》（季刊）2007 年第 7 卷第 1 期。

［8］陈勇、李小平：《中国工业行业的技术进步与工业经济转型——对工业行业技术进步的 DEA 法衡量及转型特征分析》，载于《管理世界》2007 年第 6 期。

［9］端宏斌：《透视全球供应链与地区供应链之变》，载于《第一财

经日报》2009 年 8 月 12 日。

[10] 樊福卓：《地区专业化的度量》，载于《经济研究》2007 年第 9 期。

[11] 范剑勇：《市场一体化、地区专业化与产业集聚趋势——兼谈对地区差距的影响》，载于《中国社会科学》2004 年第 6 期。

[12] 国家信息中心：《中国区域间投入产出表》，社会科学文献出版社 2005 年版。

[13] 海关总署综合统计司：《改革开放三十年中国对外贸易监测报告》，中国海关出版社 2009 年版。

[14] 何洁：《外国直接投资对中国工业部门外溢效应的进一步精确量化》，载于《世界经济》2000 年第 12 期。

[15] 胡军、陶锋、陈建林：《珠三角 OEM 企业持续成长的路径选择——基于全球价值链外包体系的视角》，载于《中国工业经济》2005 年第 8 期。

[16] 胡向婷、张璐：《地方保护主义对地区产业结构的影响——理论与实证分析》，载于《经济研究》2005 年第 2 期。

[17] 胡祖耀等：《"西部大开发"和中国经济增长——"1997 年经济·环境·能源分析用中国地区间投入产出表"的试制以及表的应用》，转引自许宪春等《2004 年中国投入产出理论与实践》，中国统计出版社 2005 年版。

[18] 黄玖立、李坤望：《出口开放、地区市场规模和经济增长》，载于《经济研究》2006 年第 6 期。

[19] 黄先海、徐圣：《中国劳动收入比重下降成因分析——基于劳动节约型技术进步的视角》，载于《经济研究》2009 年第 7 期。

[20] 黄赜琳：《中国制造业市场一体化程度测算及变动趋势》，载于《中国工业经济》2007 年第 11 期。

[21] 蒋金荷：《我国高科技产业同构性与集聚的实证分析》，载于《数量经济技术经济研究》2005 年第 12 期。

［22］李稻葵、刘霖林、王红领：《GDP 中劳动份额演变的 U 型规律》，载于《经济研究》2009 年第 1 期。

［23］联合国贸易与发展会议：《2003 年世界投资报告》，中国财政经济出版社 2005 年版。

［24］林理升、王晔倩：《运输成本、劳动力流动与制造业区域分布》，载于《经济研究》2006 年第 3 期。

［25］林毅夫、蔡昉、李周：《中国的奇迹：发展战略与经济改革》，上海三联书店 1999 年版。

［26］林毅夫、刘培林（2004）：《地方保护和市场分割：从发展战略的角度考察》，北京大学中国经济研究中心讨论稿 2004 年 No. C2004015，http：//old. ccer. edu. cn/download/3944 − 1. pdf。

［27］刘海云、唐玲：《国际外包的生产率效应及行业差异——基于中国工业行业的经验研究》，载于《中国工业经济》2009 年第 8 期。

［28］刘绍坚：《承接国际软件外包的技术外溢效应研究》，载于《经济研究》2008 年第 5 期。

［29］刘树成：《新中国经济增长 60 年曲线的回顾与展望——兼论新一轮经济周期》，载于《经济学动态》2009 年第 10 期。

［30］刘志彪：《中国贸易量增长与本土产业的升级——基于全球价值链的治理视角》，载于《学术月刊》2007 年第 2 期。

［31］刘遵义、陈锡康、杨翠红、Leonard K. Cheng、K. C. Fung、Yun – Wing Sung、祝坤福、裴建锁、唐志鹏：《非竞争型投入占用产出模型及其应用——中美贸易顺差透视》，载于《中国社会科学》2007 年第 5 期。

［32］路江涌、陶志刚：《区域专业化分工与区域间行业同构——中国区域经济结构的实证分析》，载于《经济学报》2005 年第一卷第二辑。

［33］陆铭、陈钊：《中国区域经济发展中的市场整合与工业集聚》，上海三联书店、上海人民出版社 2006 年版。

［34］罗长远、张军：《劳动收入占比下降的经济学解释——基于中

国省级面板数据的分析》，载于《管理世界》2009 年第 5 期。

[35] 罗勇、曹丽莉：《中国制造业集聚程度变动趋势实证研究》，载于《经济研究》2005 年第 8 期。

[36] 马春林、吴冲锋：《从要素价格差异测度经济全球化程度》，载于《经济理论与经济管理》2002 年第 2 期。

[37] 潘文卿：《地区间经济影响的反馈与溢出效应》，转引自许宪春等《2004 年中国投入产出理论与实践》，中国统计出版社 2005 年版。

[38] 潘文卿、李子奈：《中国沿海与内陆间经济影响的反馈与溢出效应》，载于《经济研究》2007 年第 5 期。

[39] 平新乔：《市场换来技术了吗?》，载于《国际经济评论》2007 年第 5 期。

[40] 瞿宛文：《台湾后起者能借自创品牌升级吗?》，载于《世界经济文汇》2007 年第 5 期。

[41] 任志成、张二震：《承接国际服务外包、技术溢出与本土企业创新能力提升》，载于《南京社会科学》2012 年第 2 期。

[42] 单豪杰：《中国资本存量 K 的再估算：1952～2006 年》，载于《数量经济技术经济研究》2008 年第 10 期。

[43] 盛斌、牛蕊：《生产性外包对中国工业全要素生产率及工资的影响研究》，载于《世界经济文汇》2009 年第 6 期。

[44] 市村真一、王慧炯：《中国经济区域间投入产出表》，化学工业出版社 2007 年版。

[45] 孙广生：《经济波动与产业波动（1986 - 2003）——相关性、特征及推动因素的初步研究》，载于《中国社会科学》2006 年第 3 期。

[46] 唐海燕、张会清：《中国崛起与东亚生产网络重构》，载于《中国工业经济》2008 年第 12 期。

[47] 王洛林、宋泓、马涛：《金融危机下沿海地区中小企业的生存与发展》，中国发展研究基金会报告 2010 年第 78 期，http：//www. cdrf. org. cn/。

[48] 王永钦、张晏、章元、陈钊、陆铭：《中国的大国发展道路——论分权式改革的得失》，载于《经济研究》2007 年第 1 期。

[49] 文玫：《中国工业在区域上的重新定位和集聚》，载于《经济研究》2004 年第 2 期。

[50] 肖耿：《从结构与制度视角解释中国汇率政策和外部经济失衡》，载于《国际经济评论》2007 年第 3 期。

[51] 徐建炜、姚洋：《国际分工新形态、金融市场发展与全球失衡》，载于《世界经济》2010 年第 3 期。

[52] 徐毅、张二震：《外包与生产率：基于工业行业数据的经验研究》，载于《经济研究》2008 年第 1 期。

[53] 薛漫天、赵曙东：《外商直接投资：垂直型还是水平型》，载于《经济研究》2007 年第 12 期。

[54] 亚太总裁协会、国际外包中心：《2008 全球服务外包发展报告》，2009 年，www. chinagate. com。

[55] 姚战琪：《工业和服务外包对中国工业生产率的影响》，载于《经济研究》2010 年第 7 期。

[56] 张亚雄、赵坤：《区域间投入产出分析》，社会科学文献出版社 2006 年版。

[57] 张晏、龚六堂：《分税制改革、财政分权与中国经济增长》，载于《经济学》（季刊）2006 年第 5 卷第 1 期。

[58] 祝坤福、唐志鹏、裴建锁、陈锡康、杨翠红：《出口对中国经济增长的贡献率分析》，载于《管理评论》2007 年第 9 期。

[59] 朱希伟、金祥荣、罗德明：《国内市场分割与中国的出口贸易扩展》，载于《经济研究》2005 年第 12 期。

[60] AlixPartners. 2009 Manufacturing – Outsourcing Cost Index, http: //promexico. gob. mx/work/sites/Promexico/resources/LocalContent/1092/2/AlixPartners2009. pdf, 2009.

[61] Antras, Pol and Helpman, Elhanan. "Global Sourcing", *The Jour-*

nal of Political Economy, Vol. 112, No. 3, pp. 552 – 580, 2004.

[62] Amiti, Mary and Wen, Mei. "Spatial Distribution of Manufacturing in China", in P. Lloyd and X. Zhang, eds. *Modelling the Chinese Economy*, London: Edward Elgar, 2001, pp. 135 – 148.

[63] Arndt, Sven W. "Trade Integration and Production Networks in Asia: The Role of China", http://papers. ssrn. com/sol3/Delivery. cfm? delivery_id = 900417&i. download = yes&frd = yes&anym = yes, 2004.

[64] Bai, Chong – En Du, Yingjuan, Tao, Zhigang and Tong, Sarah Y. "Local Protectionism and Regional Specialization: Evidence from China's Industries", *Journal of International Economics*, Vol. 63, Issue 2, pp. 397 – 417, 2004.

[65] Bazan, Luiza and Navas – Aleman, Lizbeth. "The Underground Revolution in the Sinos Valley: a Comparison of Upgrading in Global and National Value Chains", in Hubert Schmitz, eds. *Local Enterprises in the Global Economy: Issues of Governance and Upgrading*, Cheltenham, UK: Edward Elgar Pub, 2004.

[66] Bean Charles. "The Great Moderation, The Great Panic, and The Great Contraction", *Journal of the European Economic Association*, Vol. 8, Issue 2 – 3, pp. 289 – 325, 2010.

[67] Bentolila, Samuel and Saint – Paul, Gilles. "Explaining Movements in the Labor Share", http://citeseerx. ist. psu. edu/viewdoc/, 1999.

[68] Bergin, Paul R. Feenstra, Robert C. and Hanson, Gordon H. "Outsourcing and Volatility", http://papers. ssrn. com/sol3/papers. cfm? abstract_id = 992147, 2007.

[69] Bernanke, Ben S. "The Great Moderation", speech before Eastern Economic Association, Washington, February 20, www. federalreserve. gov/boarddocs/speeches/2004/20040220/default. htm#f1, 2004.

[70] Blanchard, Olivier and Simon, John. "The Long and Large Decline

in U. S. Output Volatility", *Brookings Papers on Economic Activity*, Vol. 2001, No. 1, pp. 135 – 164, 2001.

[71] Borensztein, Eduardo De Gregorio, Jose and Lee, Jong – Wha. "How does Foreign Investment Affect Economic Growth?" *Journal of International Economics*, Vol. 45, Issue 1, pp. 115 – 135, 1998.

[72] Brun, Jean – François Combes, Jean – Louis and Renard, Mary – Françoise. "Are There Spillover Effects Between Coastal and Noncoastal Regions in China?" *China Economic Review*, Vol. 13, Issue 2 – 3, pp. 161 – 169, 2002.

[73] Burstein, Ariel Kurz, Christopher and Tesar, Linda. "Trade, Production Sharing, and the International Transmission of Business Cycles", *Journal of Monetary Economics*, Vol. 55, Issue 4, pp. 775 – 795, 2008.

[74] Chen Hogan, Matthew Kondratowicz and Yi Kei – Mu. "Vertical Specialization and Three Facts about U. S. International Trade", *North American Journal of Economics and Finance*, Vol. 16, Issue 1, pp. 35 – 59, 2005.

[75] Chen, Xikang, Cheng, Leonard, Fung, K. C., Lau, Lawrence J., Sung, YunWing, Yang, C., Zhu, K., Pei, J. and Tang, Z. "Domestic Value Added and Employment Generated by Chinese Exports: A Quantitative Estimation, http://mpra. ub. uni-muenchen. de/15663/MPRA Paper No. 15663, 2008.

[76] Ciccone, Antonio and Hall, Robert E. "Productivity and the Density of Economic Activity", *American Economic Review*, Vol. 86, No. 1, pp. 54 – 70, 1996.

[77] Clerides, Sofronis K., Lach, Saul, and Tybout, James R. "Is Learning By Exportinga Important? Micro – Dynamic Evidence from Colombia, Mexico, and Morocco", *Quarterly Journal of Economics*, Vol. 113, No. 3,

pp. 903 – 947，1998.

［78］ Coe，David T. ，Helpman，Elhanan and Hoffmaister Alexander W. "North – South Spillovers"，*Economic Journal*，Vol. 107，No. 440，pp. 134 – 149，1997.

［79］ Deardorff，Alan V. "Overview of the Stolper – Samuelson theorem"，in Deardorff，Alan V. ，and Stern，M. ，Robert，eds. *The Stolper – Samuelson Theorem: A Golden Jubilee*，The University of Michigan Press，1994.

［80］ Dreher，Axel. " Does Globalization Affect Growth?"，http：// www. Axel – Dreher. De，October，2002.

［81］ Driscoll，John C. and Kraay，Aart C. "Consistent Covariance Matrix Estimation with Spatially Dependent Panel Data"，*The Review of Economics and Statistics*，Vol. 80，No. 4，pp. 549 – 560，1998.

［82］ Ellison，Glenn and Glaeser，Edward L. . "The Geographic Concentration of Industry: Does Natural Advantage Explain Agglomeration?"，*American Economic Review*，Vol. 89，No 2，pp. 311 – 316，1999.

［83］ Escaith，Hubert and Gonguet，Fabien. "International Trade and Real Transmission Channels of Financial Shocks in Globalized Production Networks"，http：//papers. ssrn. com/sol3/papers. cfm? abstract_id = 1408584，2009.

［84］ Escaith，Hubert，Lindenberg，Nannette and Miroudot，Sébastien. "Global Supply Chains，the Great Trade Collapse and Beyond: More Elasticity or More Volatility"，in FilipPo，Di，Mauro，and Benjamin，R. Mandel，eds. *Recovery and Beyond: Lessons for Trade Adjustment and Competitiveness*，European Central Bank，2011，pp. 138 – 150.

［85］ Feenstra，Robert C. and Hanson，Gordon H. "Foreign Direct Investment and Relative Wages Evidence from Mexico's Maquiladoras"，*Journal of International Economics*，Vol. 42，Issue 3 – 4，pp. 371 – 393，1997.

［86］ Feenstra，Robert C. "Integration of Trade and Disintegration of Production in the Global Economy"，*The Journal of Economic Perspectives*，

Vol. 12, No. 4, pp. 31 – 50, 1998.

[87] Feenstra, Robert C. and Hanson, Gordon H. "Productivity Measurement and the Impact of Trade and Technology on Wages: Estimates for the U. S. , 1972 ~ 1990", *Quarterly Journal of Economics*, Vol. 114, No. 3, pp. 907 – 940, 1999.

[88] Feenstra, Robert C. *Advanced International Trade: Theory and Evidence*, Princeton, New Jersey: Princeton University Press, 2004.

[89] Ferrantino, Michael, Koopman, Robert, Wang, Zhi, Yinug, Falan, Chen, Ling, Qu, Fengjie and Wang Haifeng. "Classification and Statistical Reconciliation of Trade in Advanced Technology Products: The Case of China and the United States", http: //pa-pers. ssrn. com/sol3/papers. cfm? abstract _id = 1132748, 2008.

[90] Florida, Richard. "How the Crash Will Reshape America", http: //relooney. fatcow. com/0_New_4408. pdf, 2009.

[91] Friedman, Milton. "The Role of Monetary Policy", *The American Economic Review*, Vol. 58, No. 1, pp. 1 – 17, 1968.

[92] Fu, Xiaolan. "Limited Linkages from Growth Engines and Regional Dis-parities in China", *Journal of Comparative Economics*, Vol. 32, Issue 1, pp. 148 – 164, 2004.

[93] Geishecher, Ingo and Gorg, Holger. "Do Unskilled Workers Always Lose From Fragmentation?" *North American Journal of Economics and Finance*, Vol. 16, Issue 1, pp. 81 – 92, 2004.

[94] Gereffi, Gary. "The Organisation of Buyer – Driven Global Commodity Chains: How US Retailers Shape Overseas Production Networks, Commodity Chains and Global Development", in Gereffi, Gary, and Korzeniewicz, Miguel, eds. *Contributions in Economics and Economic History*, Westport: Praeger, 1994.

[95] Gereffi, Gary. "A Commodity Chains Framework for Analyzing

Global Industries ", http: //www. azc. uam. mx/socialesyhumanidades/06/ departamentos/relaciones/Pdf. %20De%20curso%20de%20MESO/Gereffi% 201999. pdf, 1999.

[96] Gereffi, Gary and Sturgeon, Timothy J. "Globalisation, Employment and Economic Development, a Briefing Paper", http: //web. mit. edu/ ipc/publications/pdf/, 2004.

[97] Gereffi, Gary, Humphrey, John and Sturgeon, Timothy. "The Governance of Global Value Chains", *Review of International Political Economy*, Vol. 12, Issue1, pp. 78 – 104, 2005.

[98] Gersbach, Hans. "Does and How Does Globalization Matter?", http: //papers. ssrn. com/sol3/papers. cfm? abstract_id = 156768, 1999.

[99] Gertler, Mark and Gilchrist, Simon. "Monetary Policy, Business Cycles, and The Behavior of Small Manufacturing Firms", *Quarterly Journal of Economics*, Vol. 109, Issue 2, pp. 309 – 340, 1994.

[100] Grossman Gene M. and Helpman, Elhanan. "Outsourcing in a Global Economy", *Review of Economic Studies*, Vol. 72, No. 1, pp. 135 – 159, 2005.

[101] Grossman, Gene M., Helpman, Elhanan and Szeidl, Adam. "Optimal Integration Strategies for the Multinational Firm", *Journal of International Economics*, Vol. 70, Issue. 1, pp. 216 – 238, 2006.

[102] Guscina, Anastasia. "Effects of Globalization on Labor's Share in National Income", IMF working paper, 06/294, 2006.

[103] Hallwood, C. Paul. and MacDonald, Ronald. *International money and finance*, Blackwell Publishing, 2000.

[104] Hallward – Driemeier, Mary, Iarossi, Giuseppe, and Sokoloff, Kenneth L. "Export and Manufacturing Productivity in East Asia: a Comparative Analysis with Firm-level Data", http: //papers. ssrn. com/sol3/papers. cfm? abstract_id = 307130, 2002.

[105] Hansen, Gary D. and Prescott, Edward C. "Did Technology Shocks Cause the 1990 ~ 1991 Recession?", *American Economic Review*, Vol. 83, No. 2, pp. 280 – 286, 1993.

[106] Harrigan James and Balaban Rita A. "U. S. Wages in General Equilibrium: The Effects of Prices, Technology and Factor Supplies, 1963 ~ 1991", http: //www. nber. org/papers/w6981, 1999.

[107] Harrison, Ann E. "Has Globalization Eroded Labor's Share? Some Cross – Country Evidence, http: //www. econ. fea. usp. br/gilberto/eae0504/Harrison_Glob_Labor_Share_2002. pdf, 2002.

[108] Henderson, J. Vernon. "The Sizes and Types of Cities", *American Economic Review*, Vol. 64, No. 4, pp. 640 – 656, 1974.

[109] Hoover, Edgar M. "The Measurement of Industrial Localization", *Review of Economics and Statistics*, Vol. 18, pp. 162 – 171, 1936.

[110] Hsieh, Chang – Tai and Woo, Keong T. "The impact of Outsourcing to China on Hong Kong's Labor Market", *American Economic Review*, Vol. 95, No. 5, pp. 1673 – 1687, 2005.

[111] Hummels, David Ishii, Jun and Yi, Kei – Mu. "The Nature and Growth of Vertical Specialization in World Trade", *Journal of International Economics*, Vol. 54, No. 1, pp. 75 – 96, 2001.

[112] Humphrey, John and Schmitz, Hubert. "Governance and Upgrading: Linking Industrial Cluster and Global Value Chain", IDS Working Paper 120, Brighton: Institute of Development Studies, 2000.

[113] Humphrey, John and Schmitz, Hubert. "Developing Country Firms in the World Economy: Governance and Upgrading in Global Value Chains", https: //inef. uni-due. de/delete/page_dev_old/documents/report61. pdf, 2002.

[114] Inomata, Satoshi and Uchida, Yoko. "Asia beyond the Crisis: Visions from International Input – Output Analyses", IDE Spot Survey 31, IDE – JETRO, 2009.

[115] Jabbour, Liza. "Determinants of International Vertical Specialization and Implications on Technology Spillovers", http: //www. dse. unibo. it/EUROPAEUM/, 2005.

[116] Jayadev, Arjun. "Capital Account Openness and the Labour Share of Income", *Cambridge Journal of Economics*, Vol. 31, Issue 3, pp. 423 – 433, 2007.

[117] Jefferson, Gary H. , Rawski, Thomas G. , and Zheng, Yuxin. "Chinese Industrial Productivity: Trends, Measurement and Recent Development", *Journal of Comparative Economics*, Vol. 23, pp. 146 – 180, 1996.

[118] Kaplinsky, Raphael. "Globalisation and Unequalisation: What Can Be Learned from Value Chain Analysis?" *Journal of Development Studies*, Vol. 37, No. 2, pp. 117 – 146, 2000.

[119] Kaplinsky, Raphael. "How Does It All Add Up? Caught Between a Rock and a Hard Place", Paper submitted for the Globalization, Employment, and Economic Development Workshop, Sloan Workshop Series in Industry Studies. Rockport, Massachusetts, 2004.

[120] Kaplinsky, Raphael and Manning, Claudia. "Concentration, Competition Policy and The Role of Small and Medium Sized Enterprises in South Africa's Industrial Development", *Journal of Development Studies*, Vol. 35, No. 1, pp. 139 – 161, 1999.

[121] Kaplinsky, Raphael and Morris, Mike. "A Handbook for Value Chain Research", Prepared for The IDRC, http: //www. ids. ac. uk/global, 2006.

[122] Kearney, A. T. "Globalization Ledger". Global Business Policy Council. April, 2002.

[123] Keller, Wolfgang. "Geographic Localization of International Technology Diffusion", *Amercian Economic Review*, Vol. 92, No. 1, pp. 120 – 142, 2002.

[124] Kiyotaki, Nobuhiro and Moore, John. "Credit Cycles", *Journal*

of Political Economy, Vol. 105, Issue 21, pp. 211 – 248, 1997.

[125] Koren, Miklós and Tenreyro, Silvana. "Volatility and Development", http: //eprints. lse. ac. uk/5312/1/Volatility_and_development_ (lsero). pdf, 2005.

[126] Kose, Ayhan, Prasad, Eswar and Terrones, Marco. "Financial Integration and Macroeconomic Volatility". IMF Staff Papers 50, pp. 119 – 142, 2003.

[127] Kremer, Michael and Maskin, Eric. "Globalization and Inequality", http: //www. hse. ru/data/288/665/1234/, 2003.

[128] Krishna, Pravin and Levchenko, Andrei A. "Comparative Advantage, Complexity, and Volatility", http: //cid. bcrp. gob. pe/biblio/Papers/NBER/2009/Mayo/w14965. pdf, 2009.

[129] Krugman, Paul. "Increasing Returns and Economic Geography", *Journal of Political Economy*, Vol. 99, Issue 3, pp. 483 – 499, 1991.

[130] Kydland, Finn E. , Prescott, Edward C. "Time to Build and Aggregate Fluctuations", *Econometrica*, Vol. 50, No. 6, pp. 1345 – 1370, 1982.

[131] Lall, Sanjaya. "The Technological Structure and Performance of Developing Country Manufactured Exports, 1995 ~ 1998", *Oxford Development Studies*, Vol. 28, No. 3, pp. 407 – 432, 2000.

[132] Levasseur, Sandrine. "International Outsourcing over The Business Cycle Some Intuition for Germany, the Czech Republic", *Eastern Journal Of European Studies*, Vol. 1, Issue 2, pp. 165 – 185, 2010.

[133] Lindahl, Jakob. "Vietnam's seafood industry: A socially embedded division of state owned and local Chinese owned enterprises in regional value chains?", http: //192. 38. 121. 218/issco5/documents/Lindahlpaper. doc, 2006.

[134] Maizels, Alf. "The Manufactures Terms of Trade of Developing

Countries with the United States, 1981 – 1997", http: //www3. qeh. ox. ac. uk/pdf/qehwp/qehwps36. pdf, 2000.

[135] Mankiw, N. Gregory and Romer, David. *New Keynesian Economics*, Cabridge: MIT Press, 1991.

[136] Marin, Dalia and Verdier, Thierry. "Power Inside the Firm and the Market: A General Equilibrium Approach", *Journal of the European Economic Association*, Vol. 6, Issue 4, pp. 752 – 788, 2008.

[137] Markusen, James R. "The Boundaries of Multinational Enterprises and the Theory of International Trade", *Journal of Economic Perspectives*, Vol. 9, No. 2, pp. 169 – 189, 1995.

[138] Marshall, Alfred. *Principles of Economics*, MacMillan, New York, 1920.

[139] Mayer, Jorg. "The fallacy of composition: a review of the literature", *The World Economy*, Vol. 25, Issue 6, pp. 875 – 894, 2002.

[140] Naughton, Barry. "How Much Can Regional Integration Do to Unify China's Markets", in Nicholas C. , Hope, and Dennis, Tao Yang, and Mu Yang, Li eds. *How Far Across the River?: Chinese Policy Reform at the Millennium*, Stanford University Press, 1999.

[141] Ohlin, Bertil, Gotthard. *Interregional and International Trade*, Harvard University Press, 1933.

[142] Pack, Howard and Saggi, Kamal. "Vertical Technology Transfer via International Outsourcing", *Journal of Development Economics*, Vol. 65, pp. 89 – 415, 2001.

[143] Pesaran, M. Hashem. "General Diagnostic Tests for Cross Section Dependence in Panels", http: //ssrn. com/abstract = 572504, 2004.

[144] Phillips, Peter C. B. and Sul, Donggyu. "Dynamic Panel Estimation and Homogeneity Testing Under Cross Section Dependence", *The Econometrics Journal*, Vol. 6, Issue 1, pp. 217 – 259, 2003.

［145］ Poncet, Sandra. "Measuring Chinese Domestic and International Integra-tion", *China Economic Review*, Vol. 14, Issue1, pp. 1 – 21, 2003.

［146］ Raddatz, Claudio. "Liquidity Needs and Vulnerability to Financial Under-development", *Journal of Financial Economics*, Vol. 80, Issue 3, pp. 677 – 722, 2006.

［147］ Samuelson, Paul. "Theoretical Note on Trade Problem", *Review of Economics and Statistics*, Vol. 46, pp. 145 – 164, 1954.

［148］ Scheve, Kenneth and Slaughter, Matthew J. "Economic Insecuri-ty and the Globalization of Production", *American Journal of Political Science*, Vol. 48, Issue 4, pp. 662 – 674, 2004.

［149］ Scherer, F. M. "Firm Size, Market Structure, Opportunity, and the Output of Patented Inventions", *American Economic Review*, Vol. 55, pp. 1097 – 1125, 1965.

［150］ Schmitz, Hubert and Knorringa, Peter. "Learning from Global Buyers", *Journal of Development Studies*, Vol. 32, No. 7, pp. 177 – 205, 2000.

［151］ Schmitz, Hubert. "Local Upgrading in Global Chains: Recent Findings", paper to be presented at the DRUID Summer Conference, 2004.

［152］ Thesmar, David and Thoenig, Mathias. "From Flexibility to Inse-curity: How Vertical Separation Amplifies Firm-level Uncertainty", *Journal of the European Economic Association*, Vol. 5, Issue 6, pp. 1161 – 1202, 2007.

［153］ UNCTAD. *World Investment Report* 2002, United Nations: New York, 2002.

［154］ United Nations Industrial Development Organization, *Industrial De-velopment Report* 2002/2003: *Competing Through Innovation and Learning*, www. unido. org, 2002.

［155］ United Nations Industrial Development Organization, *Industrial De-velopment Report* 2009——*Breaking In and Moving Up: New Industrial Challen-*

ges *for the Bottom Billion and the Middle-Income Countries*, www. unido. org, 2009.

[156] Wang, Zhi, Zhai, Fan and Xu, Dianqing. Global Trade, "Assistance, and Production", the GTAT 5 Database, Chapter 11, Part C.

[157] Woodford, Michael. *Interest and Prices*: *Foundations of a Theory of Monetary Policy*, Princeton University Press, 2003.

[158] Xu, Xinpeng. "Have the Chinese Provinces Become Integrated under Reform?", *China Economic Review*, Vol. 13, Issue2 − 3, pp. 116 − 133, 2002.

[159] Yamashita Nobuaki. "The Impact of Production Fragmentation on Skill Upgrading: New Evidence from Japanese Manufacturing", *Journal of The Japanese and International Economies*, Vol. 22, Issue 4, pp. 545 − 565, 2008.

[160] Yari, Marin and Duncan, Ron. "Competitiveness: An Essential Ingredient for Growth in Asian and Pacific Developing Countries in a Globalizing World", *Asia − Pacific Development Journal*, Vol. 14, No. 1, pp. 125 − 144, 2007.

[161] Yeats, Alexander J. "Just How Big is Global Production Sharing?", World Bank Working Paper No. 1871, 2001.

[162] Yi, Kei − Mu. "The Collapse of Global Trade: the Role of Vertical Specialization", In Richard, Baldwin, and Simon, Evenett eds. *The Collapse of Global Trade*, *Murky Protectionism*, *and the Crisis*: *Recommendations for the G*20, 2009, pp. 45 − 48.

[163] Young, Alwyn. "The Razor's Edge: Distortions and Incremental Reform in the People's Republic of China", *Quarterly Journal of Economics*, Vol. CXV, pp. 1091 − 1135, 2000.

[164] Yusuf, Shahid, Altaf, M. Anjum and Nabeshima Kaoru. *Global Production Networking and Technological Change in East Asia*, a copublication of

the World Bank and Oxford University Press, 2004.

[165] Zorell, Nico. Offshoring and Macroeconomic Volatility: A DSGE model with endogenous offshoring, http: //www. iiw. uni-bonn. de/summer-school/2008/Zorell _ZEI 08. pdf, 2008.

后　记

在学术生涯的初期，我主要从事全球价值链的研究；随着研究工作的深入，我将研究领域拓展到国际经济学。基于这样的学术积淀，我将全球价值链理论与国际经济学相结合，从发展中国家的立场出发，深入研究了外包的经济效应与传导机制，最终形成了这部书稿。在此，感谢福建省专业学位研究生联合培养示范基地建设项目对本书顺利出版的资助；感谢经济科学出版社对本书顺利出版的支持！

本书的撰写，跨越了我学术生涯的多个阶段。厦门大学与清华大学的工作，开拓了我的视野，使我紧跟国际前沿，扎根中国现实；提升了我的能力，让我强化学术训练，淬炼选题意识；丰富了我的经历，帮我结识良师益友，践行书山学海。感谢厦门大学与清华大学，使本书的成稿成为可能。

感谢黄建忠教授、郑甘澍教授、彭水军教授、张明志教授与陈爱贞教授等，为我在厦门大学提供的优越研究环境。感谢我的博士后合作导师李善同研究员。在清华大学的日子里，李善同老师为我提供了一流的工作平台。感谢我的博士导师刘志彪教授，博士毕业以后，刘志彪老师仍然对我进行指导和教诲。

在我工作期间，高传胜教授、汪德华研究员、江静教授、许召元研究员与何建武研究员等，对我提供了慷慨的帮助。徐涛博士、吴三忙博士、东岗博士和郑辉博士等，为我的工作和生活提供了各种便利。与他们的交流碰撞，促我思考，催我成长，励我前行。

感谢我的家庭。我的妻子洪燕芳，以善净化我，以柔沉淀我，以美圆润我，与她相守的日子明媚又灿烂！我的儿子张善渊，爱笑爱说又懂事，既给我带来了欢乐，又让我体会了责任。我的女儿张善宜，健康聪慧又贴心，使我的内心荡漾着满满的幸福。

生活是一场没有尽头的冒险！纵然千山独行，也难免艰难抉择。只希望有一天自己走在秋天金色的田野上，身边麦浪连连，说，"那美好的仗我已经打过了，当跑的路我已经跑尽了，所信的道我已经守住了"。

张少军

2019 年 3 月于厦门大学